四部要籍選刊·史部　蔣鵬翔　主編

清金陵書局本

後漢書

六

〔南朝宋〕范曄　撰
〔唐〕李賢等注

浙江大學出版社

本册目録

卷六十四

卷六十五

張王种陳列傳第四十六　後漢書五十六

唐章懷太子賢注

張晧字叔明犍爲武陽人也六世祖良高帝時爲太子少傅封留侯晧少游學京師初永元中歸仕州郡辟大將軍鄧騭府五遷尚書僕射職事八年出爲彭城相（明帝子彭城王恭之相也）永寧元年徵拜廷尉晧雖非法家而留心刑斷數與尚書辯正疑獄多以詳當見從（詳審而平當也）時安帝廢皇太子爲濟陰王晧與太常桓焉太僕來歷廷爭之不能得事已具來歷傳退而上疏曰昔賊臣江充造構讒逆至令戾園興兵終及禍難（趙人江充字次倩武帝時爲直指繡衣劾太子家吏行馳道中恐爲太子所誅見上年老意多所惡因言左右皆爲巫蠱上乃使充捕案巫蠱既知上意太子乃言宮中有蠱氣遂掘蠱太子宮得桐木人時上疾在甘泉宮太子懼不能自明收充斬之發兵與丞相劉屈氂戰敗亡走湖自殺後太子孫宣帝即位追謚太子曰戾於湖置園邑奉祠故曰戾園）後壺關三老一言上乃覺悟雖追前失悔之何逮（逮及也太子死後壺關三老令狐茂上書訟太子冤武帝感悟憐太子無辜乃族滅江充作思子宮爲歸來望思之臺于湖天下聞而悲之事見前書）今皇太子春秋方始十歲

未見保傅九德之義尚書皐陶陳九德曰寬而慄柔而立愿而恭亂而敬擾而毅直而溫簡而廉剛而塞彊而誼也宜簡賢輔就成聖質書奏不省及順帝即位拜晧司空在事多所薦達天下稱其推士時淸河趙騰上言災變譏刺朝政章下有司收騰繫考所引黨輩八十餘人皆以誹謗當伏重法晧上疏諫曰臣聞堯舜立敢諫之鼓三王樹誹謗之木春秋采善書惡聖主不罪芻蕘左氏傳曰春秋之稱微而顯志而晦懲惡而勸善非聖人誰能修之騰等雖干上犯法所言本欲盡忠正諫如當誅戮天下杜口塞諫爭之源非所以昭德示後也帝乃悟減騰死罪一等餘皆司寇前書音義曰司寇二歲刑也輸作司寇因以名焉四年以陰陽不和策免陽嘉元年復爲廷尉其年卒官時年八十三遣使者弔祭賜葬地於河南縣子綱

綱字文紀少明經學雖爲公子而厲布衣之節舉孝廉不就司徒辟高第爲御史時順帝委縱宦官有識危心綱常感激慨然嘆曰

穢惡滿朝，不能奮身出命埽國家之難，雖生，吾不願也。退而上書曰：「詩曰：『不愆不忘，率由舊章。』（詩大雅也。愆，過也。率，循也。言成王令德不過，循用舊典之文。）尋大漢初隆，及中興之世，文明二帝，德化尤盛。觀其理爲易循，易見，但恭儉守節，約身尙德而已。中官常侍不過兩人，近倖賞賜裁滿數金，惜費重人，故家給人足。夷狄聞中國優富，任信道德，所以姦謀自消而和氣感應。而頃者以來，不遵舊典，無功小人皆有官爵，富之驕之而復害之，非愛人重器、承天順道者也。（器謂車服也。言無功小人不可妄授也。左傳曰：「唯器與名，不可以假人」也。）伏願陛下少留聖思，割損左右，以奉天心。」書奏不省。漢安元年，選遣八使徇行風俗，皆耆儒知名，多歷顯位，（周舉傳曰：詔遣八使巡行風俗，同時俱拜，天下號曰八俊。刺史二千石有臧罪者，驛馬上之；墨綬已下便收。其有清勤忠惠宜表異者，狀聞。八使名見順帝紀。）唯綱年少，官次最微。餘人受命之部，而綱獨埋其車輪於洛陽都亭，曰：「豺狼當路，安問狐狸！」（前書京兆督郵侯文之辭。）遂奏曰：「大將軍冀，河南尹不疑，蒙外戚之援，荷國厚恩，以芻蕘之資，居阿衡之任不能敷揚五教翼讚日月而專爲封豕長蛇肆其貪叨左傳申包胥曰吳爲封豕長蛇薦食上國也甘心好貨縱恣無底多樹諂諛㠯害忠良誠天威所不赦大辟所宜加也謹條其無君之心十五事斯皆臣子所切齒者也左傳曰有無君之心而後動於惡也前書鄒陽謂益矦王信君曰太后怫鬱泣血切齒側目於貴臣矣書御京師震竦竦進也時冀妹爲皇后內寵方盛諸梁姻族滿朝帝雖知綱言直終不忍用時廣陵賊張嬰等衆數萬人殺刺史二千石寇亂揚徐閒積十餘年朝廷不能討冀乃諷尚書㠯綱爲廣陵太守因欲㠯事中之前遣郡守率多求兵馬綱獨請單車之職既到乃將吏卒十餘人徑造嬰壘㠯慰安之求得與長老相見申示國恩嬰初大驚既見綱誠信乃出拜謁綱延置上坐問所疾苦乃譬之曰前後二千石多肆貪暴二千石謂太守也故致公等懷憤相聚二千石信有罪矣然爲之者又非義也今主上仁聖欲㠯文德服叛故遣太守思㠯爵祿相榮不

願曰刑罰相加今誠轉禍爲福之時也若聞義不服天子赫然震怒荆揚兗豫大兵雲合豈不危乎若不料强弱非明也棄善取惡非智也去順效逆非忠也身絶血嗣非孝也凡祭皆用牲故曰血嗣背正從邪非直也見義不爲非勇也六者成敗之幾利害所從公其深計之嬰聞泣下曰荒裔愚人不能自通朝廷不堪侵枉遂復相聚偷生若魚遊釜中喘息須臾閒耳今聞明府之言乃嬰等更生之晨也既陷不義實恐投兵之日不免孥戮綱約之以天地誓之以日月嬰深感悟乃辭還營明日將所部萬餘人與妻子面縛歸降綱乃單車入嬰壘大會置酒爲樂散遣部衆任從所之親爲卜居宅相田疇相視也田並畔曰疇子弟欲爲吏者皆引召之人情悅服南州晏然朝廷論功當封梁冀遏絶乃止天子嘉美徵欲擢用綱而嬰等上書乞留乃許之綱在郡一年年三十六卒百姓老幼相攜詣府赴哀者不

可勝數綱自被疾吏人咸爲祠祀祈福皆言千秋萬歲何時復見此君張嬰等五百餘人制服行喪送到犍爲負土成墳詔曰故廣陵太守張綱大臣之苗剖符統務正身導下班宣德信降集劇賊張嬰萬人息干戈之役濟蒸庶之困未升顯爵不幸早卒嬰等縗杖若喪考妣朕甚愍焉拜綱子續爲郎中賜錢百萬

王龔字伯宗山陽高平人也世爲豪族初舉孝廉稍遷青州刺史劾奏貪濁二千石數人安帝嘉之徵拜尚書建光元年擢爲司隸校尉明年遷汝南太守政崇溫和好才愛士引進郡人黃憲陳蕃等憲雖不屈蕃遂就吏蕃性氣高明初到龔不即召見之乃留記謝病去龔怒使除其錄功曹袁閬請見言曰聞之傳曰人臣不見察於君不敢立於朝蕃既以賢見引不宜退以非禮龔改容謝曰是吾過也乃復厚遇待之由是後進知名之士莫不歸心焉閬字

奉高數辭公府之命不修異操而致名當時永建元年徵龔為太僕轉太常四年遷司空以地震策免永和元年拜太尉在位恭慎自非公事不通州郡書記其所辟命皆海內長者龔深疾宦官專權志在匡正乃上書極言其狀請加放斥諸黃門恐懼各使賓客誣奏龔罪順帝命亟自實（亟急也音紀力反）前掾李固時為大將軍梁商從事中郎乃奏記於商曰今旦聞下太尉王公勑令自實未審其事深淺何如王公束修厲節敦樂藝文不求苟得不為苟行（前書曰揚子雲曰蜀嚴湛冥不作苟見不為苟得）但以堅貞之操違俗失衆橫為讒佞所搆毀衆人聞知莫不歎慄夫三公尊重承天象極未有詣理訴冤之義（三公承助天子位象三台故曰承天象極哀帝時丞相王嘉有罪召詣廷尉詔獄主簿曰將相不對理陳冤相踵以為故事君侯宜引去也）纖微感槩輒引分決是以舊典不有大罪不至重問（大臣獄重故曰重問成帝時丞相薛宣御史大夫翟方進有罪上使五二千石雜問音義云大獄重故以二千石五人同問之）王公沈靜內明不可加以非理卒有他變則朝廷獲害賢之名群

臣無救護之節矣昔絳侯得罪袁盎解其過文帝時丞相絳侯周勃免就國人告以爲反諸公莫敢爲言唯郎中袁盎明絳侯無罪絳侯得釋盎有力也魏尚獲戾馮唐訴其冤馮唐安陵人文帝時爲郎署長上與論將帥唐曰臣聞魏尚爲雲中守坐上功首虜差六級陛下下之吏削其爵罰作之臣愚以爲陛下法太明罰太重文帝悅捨尚復官也時君善之列在書傳今將軍內倚至尊外典國柄言重信著指撝無違宜加表救濟王公之艱難語曰善人在患飢不及餐斯其時也商卽言之於帝事乃得釋龔在位五年以老病乞骸骨卒于家子暢

論曰張晧王龔稱爲推士若其好通汲善明發升薦仁人之情也夫士進則世收其器賢用則人獻其能能獻既已厚其功器收亦理兼天下言賢人見用則人競獻其所能但有能卽獻動必有功功多賞厚故言已厚其功有才器必被收用用則海內蒙福故曰理兼天下其利甚博而人莫之先豈同折枝於長者以不爲爲難乎以不爲爲難言不之難也謂進賢達士同折枝之易而不爲之孟子謂齊宣王曰今恩足以及禽獸而不能加於百姓者何非力不能是不爲也王曰不能不爲二者謂何也孟子曰夫挾泰山以超北海王能乎王曰不能爲長者折枝王能乎曰不能也孟子曰夫挾泰山以超北海是實不能不可彊也爲長者折枝甚易而王不爲非不能也老吾老以及人之老幼吾幼以及人之幼天下可運諸掌何爲不能加於百姓乎劉熙注孟子曰折

枝若今之按摩也昔柳下惠見抑於臧文（柳下惠姓展名禽字獲食邑於柳下諡曰惠臧文仲魯大夫姓臧孫名辰左傳仲尼曰臧文仲不仁者三下展禽廢六關妾織蒲言文仲知柳下惠之賢而使在下位故曰抑之）淳于長受稱于方進（成帝時定陵侯淳于長以太后姊子爲九卿翟方進爲丞相獨與長交稱薦之）然則立德者以幽陋好遺顯登者以貴塗易引故晨門有抱關之夫（論語子路宿於石門晨門曰奚自注云石門魯城外門也晨主守門晨夜開閉也史記侯嬴夷門抱關者守門必抱關故兼言之）柱下無朱文之軫也（神仙傳曰老子周宣王時爲柱下史朱文畫車爲文也軫車後横木也言貧賤之人多被淪棄所以晨門之下必有抱關之賢柱下之微永無朱文之轍也）

暢字叔茂少以清實爲稱無所交黨初舉孝廉辭病不就大將軍梁商特辟舉茂才四遷尚書令出爲齊相（齊王喜之相）徵拜司隸校尉轉漁陽太守所在以嚴明爲稱坐事免官是時政事多歸尚書桓帝特詔三公令高選庸能（庸功也）太尉陳蕃薦暢清方公正有不可犯之色（禮記曰介冑之士則有不可犯之色）由是復爲尚書尋拜南陽太守前後二千石逼懼帝鄉貴戚多不稱職暢深疾之下車奮厲威猛其豪黨有釁穢者莫不糾發會赦事得散暢追恨之更爲設法諸受臧二千萬以上

不自首實者盡入財物若其隱伏使吏發屋伐樹堙井夷竈豪右大震功曹張敞奏記諫曰五教在寬著之經典湯去三面八方歸仁史記曰湯爲夏方伯得專征伐出見野張四面網祝曰自天下四方皆入吾網湯曰嘻盡之矣去其三面祝曰欲左左欲右右不用命乃入吾網諸侯聞曰湯德至禽獸於是諸侯畢服嘻音僖武王入殷先去炮格之刑列女傳紂爲銅柱以膏塗之加于炭之上使有罪緣焉足滑跌墮紂與妲己笑以爲樂名曰炮格之刑臣賢案史記及帝王代紀皆言文王爲西伯獻洛西之地請除炮格之刑今云武王與此不同高祖鑒秦唯定三章之法孝文皇帝感一緹縈蠲除肉刑文帝時太倉令淳于公有罪罪當刑淳于公無男有五女罵其女曰生女不生男緩急非有益也其少女緹縈自傷悲泣隨父至長安上書請沒官爲婢以贖文帝悲憐其意爲除肉刑父卓茂文翁召父之徒皆疾惡嚴刻務崇溫厚景帝時文翁爲蜀郡守仁愛教化宣帝時召信臣爲南陽太守視人如子教化大行仁賢之政流聞後世夫明哲之君網漏吞舟之魚韓詩外傳曰夫吞舟之魚不居潛澤前書曰高祖約法三章號爲網漏吞舟之魚也然後三光明於上人物悅於下言之若迂其效甚近迂遠也發屋伐樹將爲嚴烈雖欲懲惡難以聞遠以明府上智之才日月之曜莊子曰飾智以驚愚修身以明汙昭昭乎若揭日月以行也敷仁惠之政則海內改觀實有折枝之易而無挾山之難郡爲舊都侯甸之

國園廟出於章陵（五百里甸服千里侯服南陽去洛千里故曰侯甸南頓君以上四廟在焉）三后生自新野（光烈皇后和帝陰后鄧后並新野人）士女沾教化黔首仰風流自中興以來功臣將相繼世而隆愚以爲懇懇用刑不如行恩孳孳求姦未若禮賢舜舉皋陶不仁者遠（論語子夏之辭也）隨會爲政晉盜奔秦（左傳晉命隨會將中軍且爲太傅晉國之盜奔秦也）虞芮入境讓心自生（史記曰文王爲西伯陰行善化諸侯皆來決平於是虞芮之人有獄不決乃如周入界見耕者讓畔少者讓長虞芮二人不見西伯慙而相謂曰吾所爭周人所恥曷爲取辱遂俱讓而還也）化人在德不在用刑暢深納敞諫更崇寬政慎刑簡罰教化遂行郡中豪族多以奢靡相尚暢常布衣皮褥車馬羸敗以矯其敝（禮記曰君子上不僭上下不逼下也）同郡劉表時年十七從暢受學進諫曰夫奢不僭上儉不逼下循道行禮貴處可否之間蘧伯玉恥獨爲君子府君不希孔聖之明訓而慕夷齊之末操（論語孔子曰奢則不遜儉則固言仲尼得奢儉之中而夷齊飢死是末操也）無乃皎然自貴於世乎暢曰昔公儀休在魯拔園葵去織婦（史記曰魯相公儀休之其家見織帛怒而出其婦食於舍而茹葵慍而拔其葵曰吾已食祿又奪園夫女子利乎）孫叔敖相楚其子被裘刈薪（史記曰孫叔敖爲楚相且

死屬其子曰我死汝貧困往見優孟言孫叔敖子也居數年其子貧負薪逢優孟優孟言之於王封之寢丘四百戶也夫㠯約失之鮮矣論語孔子之辭也言儉則無失聞伯夷之風者貪夫廉懦夫有立志孟子之辭雖㠯不德敢慕遺烈後徵爲長樂衞尉建寧元年遷司空數月㠯水災策免明年卒於家子謙爲大將軍何進長史謙子粲㠯文才知名粲字仲宣蔡邕見而奇之時邕才學顯著貴重朝廷車騎塡門賓客盈坐聞粲在門倒屣迎之既至年幼容狀短小一座盡驚邕曰王公之孫有異才吾不如也太祖辟粲爲丞相掾後爲侍中博物多識問無不對嘗與人行讀道邊碑人問卿能闇記乎因使背而誦之一字不失觀人圍棊粲爲覆之棊者不信以帊蓋之更以它局爲之不誤一道年四十卒魏志有傳

种暠字景伯河南洛陽人仲山甫之後也父爲定陶令有財三千萬父卒暠悉㠯賑卹宗族及邑里之貧者其有進趣名利皆不與交通始爲縣門下史時河南尹田歆外甥王諶名知人有知人之名也歆謂之曰今當舉六孝廉多得貴戚書命不宜相違欲自用一名士㠯報國家爾助我求之明日諶送客於大陽郭遥見暠異之還白歆曰爲君得孝廉矣近洛陽門下史也歆笑曰當得山澤隱滯迺洛

陽吏邪諶曰山澤不必有異士異士不必在山澤歆即召暠於庭辯詰職事暠辭對有序歆甚知之召署主簿遂舉孝廉辟太尉府舉高第順帝末爲侍御史時所遣八使光祿大夫杜喬周舉等多所糾奏而大將軍梁冀及諸宦官互爲請救事皆被寑遏暠自以職主刺舉志案姦違乃復劾諸爲八使所舉蜀郡太守劉宣等罪惡章露宜伏歐刀又奏請勑四府條舉近臣父兄及知親爲刺史二千石尤殘穢不勝任者免遣案罪帝乃從之擢暠監太子於承光宮中常侍高梵從中單駕出迎太子時太傅杜喬等疑不欲從惶惑不知所爲暠乃手劍當車曰太子國之儲副人命所係今常侍來無詔信何以知非姦邪今日有死而已梵辭屈不敢對馳命奏之詔報太子乃得去喬退而歎息愧暠臨事不惑帝亦嘉其持重稱善者良久出爲益州刺史暠素慷慨好立功立事在職三年

宣恩遠夷開曉殊俗岷山雜落皆懷服漢德其白狼槃木唐菆邛僰諸國（菆音側留反）自前刺史朱輔卒後遂絕暠至乃復舉種向化時永昌太守冶鑄黃金爲文蛇以獻梁冀暠糾發逮捕馳傳上言而二府畏懦不敢案之冀由是銜怒於暠會巴郡人服直聚黨數百人自稱天王（直或作宜）暠與太守應承討捕不克吏人多被傷害冀因此陷之傳逮暠承太尉李固上疏救曰臣伏聞討捕所傷本非暠承之意實由縣吏懼法畏罪迫逐深苦致此不詳比盜賊群起處處未絕暠承以首舉大姦而相隨受罪臣恐沮傷州縣糾發之意更共飾匿莫復盡心（言各飾僞辭隱匿眞狀也）梁太后省奏乃赦暠承罪免官而已後涼州羌動以暠爲涼州刺史甚得百姓歡心被徵當遷吏人詣闕請留之太后歎曰未聞刺史得人心若是乃許之暠復留一年遷漢陽太守戎夷男女送至漢陽界暠與相揖謝千里不得乘車及

到郡化行羌胡禁止侵掠遷使匈奴中郎將時遼東烏桓反叛復轉遼東太守烏桓望風率服迎拜於界上坐事免歸後司隸校尉舉暠賢良方正不應徵拜議郎遷南郡太守入爲尚書會匈奴寇幷涼二州桓帝擢暠爲度遼將軍暠到營所先宣恩信誘降諸胡其有不服然後加討羌虜先時有生見獲質於郡縣者悉遣還之誠心懷撫信賞分明由是羌胡龜茲莎車烏孫等皆來順服暠乃去烽燧除候望（書舉烽夜燔燧解見光武紀）邊方晏然無警入爲大司農延熹四年遷司徒推達名臣橋玄皇甫規等爲稱職相在位三年年六十一薨幷涼邊人咸爲發哀匈奴聞暠卒舉國傷惜單于每入朝賀望見墳墓輒哭泣祭祀二子岱拂

岱字公祖好學養志舉孝廉茂才辟公府皆不就公車特徵病卒

初岱與李固子燮同徵議郎燮聞岱卒痛惜甚乃上書求加禮於

岱曰臣聞仁義興則道德昌道德昌則政化明而萬姓寧伏見故處士种岱淳和達理耽悅詩書富貴不能回其慮萬物不能擾其心稟命不永奄然殂殞若不槃桓難進等輩皆已公卿矣易屯卦曰槃桓利居貞昔先賢既沒有加贈之典春秋隱公五年臧僖伯卒隱公葬之加一等杜預曰加命服之一等周禮盛德有銘誄之文周禮司勳曰凡有功者銘書於王之太常又曰卿大夫之喪賜謚誄也而岱生無印綬之榮卒無官謚之號雖未建忠效用而爲聖恩所拔遐邇具瞻宜有異賞朝廷竟不能從

拂字穎伯初爲司隸從事拜宛令時南陽郡吏好因休沐游戲市里爲百姓所患拂出逢之必下車公謁以愧其心自是莫敢出者政有能名累遷光祿大夫初平元年代荀爽爲司空明年以地震策免復爲太常李傕郭汜之亂長安城潰百官多避兵衝拂揮劍而出曰爲國大臣不能止戈除暴致使凶賊兵刃向宮去欲何之

遂戰而死子劭

劭字申甫少知名中平末爲諫議大夫大將軍何進將誅宦官召并州牧董卓至澠池而進意更狐疑遣劭宣詔止之卓不受遂前至河南劭迎勞之因譬令還軍卓疑有變使其軍士㠯兵脅劭劭怒稱詔大呼叱之軍士皆披（披音芳靡反）遂前質責卓卓辭屈乃還軍夕陽亭（夕陽亭在河南城西）及進敗獻帝卽位拜劭爲侍中卓旣擅權而惡劭強力遂左轉議郎出爲益涼二州刺史會父拂戰死竟不之職服終徵爲少府大鴻臚皆辭不受曰昔我先父㠯身徇國吾爲臣子不能除殘復怨何面目朝覲明主哉遂與馬騰韓遂及左中郎劉範諫議大夫馬宇共攻李傕郭汜㠯報其讐與汜戰於長平觀下（長平阪名也有觀在長安西十五里）軍敗劭等皆死騰遂還涼州

陳球字伯眞下邳淮浦人也歷世著名（謝承書曰祖父屯有令名）父亹廣漢太守（亹音

尾

球少涉儒學善律令陽嘉中舉孝廉稍遷繁陽令（繁陽魏郡縣也）時魏郡太守諷縣求納貨賄球不與之太守怒而撾督郵欲令逐球（撾擊也）督郵不肯曰魏郡十五城獨繁陽有異政今受命逐之將致議於天下矣太守乃止復辟公府舉高第拜侍御史是時桂陽黠賊李研等群聚寇鈔陸梁荊部州郡懦弱不能禁太尉楊秉表球為零陵太守球到設方略期月間賊虜消散而州兵朱蓋等反與桂陽賊胡蘭數萬人轉攻零陵零陵下溼編木為城不可守備郡中惶恐掾史白遣家避難球怒曰太守分國虎符受任一邦（文帝初與郡守分銅虎符）豈顧妻孥而沮國威重乎復言者斬乃悉內吏人老弱與共城守弦大木為弓羽矛為矢引機發之遠射千餘步多所殺傷賊復激流灌城球輒於內因地埶反決水淹賊相拒十餘日不能下會中郎將度尚將救兵至球募士卒與尚共破斬朱蓋等賜錢五十萬拜子

一人爲郎遷魏郡太守徵拜將作大匠作桓帝陵園所省巨萬㠯上遷南陽太守㠯糾舉豪右爲埶家所謗徵詣廷尉抵罪會赦歸家復拜廷尉熹平元年竇太后崩太后本遷南宮雲臺太后父竇武與陳蕃謀誅宦官反爲中常侍曹節矯詔殺武蕃遷太后焉宦者積怨竇氏遂㠯衣車載后尸置城南市舍數日中常侍曹節王甫欲用貴人禮殯帝曰太后親立朕躬統承大業詩云無德不報無言不醻大雅抑詩也豈宜㠯貴人終乎於是發喪成禮及將葬節等復欲別葬太后而㠯馮貴人配祔祔謂新死之主祔於先死者之廟婦祔於其夫所祔之妃妾祔於妾祖姑也詔公卿大會朝堂令中常侍趙忠監議太尉李咸時病乃扶輿而起擣椒自隨謂妻子曰若皇太后不得配食桓帝吾不生還矣既議坐者數百人各瞻望中官良久莫肯先言趙忠曰議當時定怪公卿㠯下各相顧望球曰皇太后㠯盛德良家母臨天下宜配先帝是無所疑忠笑而言曰陳廷尉宜便操筆球卽下議曰

皇太后自在椒房有聰明母儀之德遭時不造援立聖明承繼宗廟功烈至重先帝晏駕因遇大獄遷居空宮不幸早世家雖獲罪事非太后今若別葬誠失天下之望且馮貴人冢墓被發骸骨暴露與賊并尸魂靈汙染段熲爲河南尹坐盜發馮貴人冢左遷諫議大夫且無功於國何宜上配至尊忠省球議作色俛仰蚩球曰陳廷尉建此議甚健球曰陳竇既冤皇太后無故幽閉臣常痛心天下憤歎今日言之退而受罪宿昔之願公卿以下皆從球議李咸始不敢先發見球辭正然後大言曰臣本謂宜爾誠與臣意合會者皆爲之愧曹節王甫復爭以爲梁后家犯惡逆別葬懿陵武帝黜廢衞后而以李夫人配食戾太子衞皇后其太子斬江充自殺武帝崩霍光緣上雅意以李夫人配食也今竇氏罪深豈得合葬先帝乎李咸乃詣闕上疏曰臣伏惟章德竇后虐害恭懷安思閻后家犯惡逆而和帝無異葬之議順朝無貶降之文至於衞后孝武皇帝身所廢

衷不可㠯爲比今長樂太后尊號在身親嘗稱制坤育天下（周易曰坤爲母）且援立聖明光隆皇祚太后㠯陛下爲子陛下豈得不㠯太后爲母子無黜母臣無貶君宜合葬宣陵一如舊制帝省奏謂曹節等曰竇氏雖爲不道而太后有德於朕不宜降黜節等無復言於是議者乃定咸字元貞汝南人累經州郡㠯廉幹知名在朝清忠權倖憚之六年遷球司空㠯地震免拜光祿大夫復爲廷尉太常光和元年遷太尉數月㠯日食免復拜光祿大夫明年爲永樂少府（桓帝母孝崇皇后宮曰永樂置太僕少府）乃潛與司徒河閒劉郃謀誅宦官初郃兄侍中儵與大將軍竇武同謀俱死故郃與球相結事未及發球復㠯書勸郃曰公出自宗室位登台鼎天下瞻望社稷鎮衛豈得雷同容容無違而已今曹節等放縱爲害而久在左右又公兄侍中受害節等永樂太后所親知也今可表徙衞尉陽球爲司隸校尉㠯次收節

等誅之政出聖主天下太平可翹足而待也又尚書劉納以正直忤宦官出爲步兵校尉亦深勸於郃郃曰凶豎多耳目恐事未會先受其禍納曰公爲國棟梁傾危不持焉用彼相邪論語孔子之辭也郃許諾亦結謀陽球球小妻程璜之女璜用事宮中所謂程大人也節等頗得聞知乃重賂於璜且脅之璜懼迫以球謀告節節因共白帝曰郃等常與藩國交通有惡意數稱永樂聲埶受取狼籍步兵校尉劉納及永樂少府陳球衞尉陽球交通書疏謀議不軌帝大怒策免郃郃與球及劉納陽球皆下獄死球時年六十二子瑀吳郡太守瑀弟琮汝陰太守弟子珪沛相珪子登廣陵太守並知名謝承書曰瑀舉孝廉辟公府洛陽市長後辟太尉府未到永漢元年就拜議郎遷吳郡太守不之官球兄子珪字漢瑜舉孝廉劇令去官舉茂才濟北相珪子登字元龍學通今古處身循禮非法不行性兼文武有雄姿異略一領廣陵太守魏志曰登在廣陵有威名有功加伏波將軍年三十九卒後許汜與劉備並在荆州牧劉表坐備共論天下人汜曰陳元龍淮海之士豪氣不除備問汜曰君言豪寧有事邪汜曰昔遭亂過下邳見元龍無客主之意不相與語自上大牀臥使客臥下牀備曰君有國士之名今天下大亂帝王失所君須憂國忘家有救世之意乃求田問舍言無

可采是元龍所諱也何緣當與君語如我自卧百尺樓上卧君於地下何但上下牀之間哉表大笑也

贊曰安儲遺譖張卿有請張晧爲廷尉故曰卿龔糾便佞以直爲眚眚過也二子過正埋車堙井張綱埋輪王暢堙井孟子曰矯枉過正种公自徽臨官以威陳球專議桓思同歸

張王种陳列傳第四十六

金陵書局仿汲古閣本刊

後漢書五十六

杜欒劉李劉謝列傳第四十七　　後漢書五十七

唐章懷太子賢注

杜根字伯堅潁川定陵人也父安字伯夷少有志節年十三入太學號奇童京師貴戚慕其名或遺之書安不發悉壁藏之及後捕案貴戚賓客安開壁出書印封如故竟不離其患時人貴之離被也位至巴郡太守政甚有聲根性方實好絞直絞急也永初元年舉孝廉爲郎中時和熹鄧后臨朝權在外戚根以安帝年長宜親政事乃與同時郎上書直諫太后大怒收執根等令盛以縑囊於殿上撲殺之執法者以根知名私語行事人使不加力既而載出城外根得蘇太后使人檢視根遂詐死三日目中生蛆因得逃竄爲宜城山中酒家保宜城縣故城在今襄州率道縣南其地出美酒廣雅云保使也言爲人傭力保任而使也積十五年酒家知其賢厚敬待之及鄧氏誅左右皆言根等之忠帝謂根已死乃下詔布

告天下錄其子孫根方歸鄉里徵詣公車拜侍御史初平原郡吏成翊世亦諫太后歸政坐抵罪與根俱徵擢爲尚書郎並見納用或問根曰往者遇禍天下同義知故不少何至自苦如此根曰周旋民間非絕跡之處邂逅發露禍及知親故不爲也順帝時稍遷濟陰太守去官還家年七十八卒翊世字季明少好學深明道術延光中中常侍樊豐帝乳母王聖共譖皇太子廢爲濟陰王翊世連上書訟之又言樊豐王聖誣罔之狀帝既不從而豐等陷以重罪下獄當死有詔免官歸本郡及濟陰王立是爲順帝司空張晧辟之晧以翊世前訟太子之廢薦爲議郎翊世自以其功不顯恥於受位自劾歸三公比辟不應（比猶頻也）尚書僕射虞詡雅重之欲引與共參朝政乃上書薦之徵拜議郎後尚書令左雄僕射郭虔復舉爲尚書在朝正色百僚敬之

欒巴字叔元，魏郡內黃人也。（神仙傳云巴蜀郡人也少而學道不修俗事）好道。順帝世以宦者給事掖庭，補黃門令，非其好也。性質直，學覽經典，雖在中官，不與諸常侍交接。後陽氣通暢，白上乞退，擢拜郎中，四遷桂陽太守。以郡處南垂，不閑典訓，爲吏人定婚姻喪紀之禮，興立學校，以獎進之。雖幹吏卑末，皆課令習讀，程試殿最，隨能升授。（幹府吏之類也晉令諸郡國不滿五千以下置幹吏二人郡縣皆有幹幹猶主也）政事明察。視事七年，以病乞骸骨。荆州刺史李固薦巴治迹，徵拜議郎，守光祿大夫，與杜喬、周舉等八人徇行州郡。巴使徐州還，再遷豫章太守。郡土多山川鬼怪，小人常破貲產以祈禱。巴素有道術，能役鬼神，乃悉毀壞房祀，翦理姦巫，（房謂爲房堂而祀者）於是妖異自消。百姓始頗爲懼，終皆安之。（神仙傳曰時廬山廟有神於帳中與人言語飲酒投杯能令宮亭湖中分風船行者舉帆相逢巴未到十數日廟中神不復作聲郡中常患黃父鬼爲百姓害巴到皆不知所在郡內無復疾疫也）遷沛相。所在有績，徵拜尚書。（神仙傳曰巴爲尚書正朝大會巴獨後到又飲酒西南噀之有司奏巴不敬有詔問巴巴頓首謝曰臣本縣成都市失火臣故因酒爲雨以滅火臣不敢不敬詔即以驛書問成都成都答言正旦大失火食時有雨從東北來火乃息雨皆酒臭後忽一旦大風天霧晦暝對坐皆不相見失巴所在尋問之云其日還成都與親故別也會帝崩營起憲陵陵左右或有小人墳冢主者欲有所侵毀巴連上書苦諫時梁太后臨朝詔詰巴曰大行皇帝晏駕有日卜擇陵園務從省約塋域所極裁二十頃而巴虛言主者壞人冢墓事既非實寢不報下巴猶固遂其愚復上誹謗苟肆狂瞽益不可長巴坐下獄抵罪禁錮還家二十餘年靈帝即位大將軍竇武太傅陳蕃輔政徵拜議郎蕃武被誅巴以其黨復謫永昌太守以功自劾辭病不行上書極諫理陳竇之冤帝怒下詔切責收付廷尉巴自殺子賀官至雲中太守

劉陶字子奇一名偉潁川定陰人濟北貞王勃之後陶為人居簡不修小節所與交友必也同志好尚或殊富貴不求合情趣苟同貧賤不易意同宗劉愷以雅德知名獨深器陶時大將軍梁冀專

朝而桓帝無子連歲荒饑災異數見陶時游太學乃上疏陳事曰臣聞人非天地無㠯爲生天地非人無㠯爲靈【書曰惟天地萬物父母惟人萬物之靈也】是故帝非人不立人非帝不寧夫天之與帝帝之與人猶頭之與足相須而行也伏惟陛下年隆德茂中天稱號【中謂當天之中也】襲常存之慶循不易之制目不視鳴條之事耳不聞檀車之聲【鳴條地名在安邑之西尚書曰伊尹相湯伐桀遂與桀戰於鳴條之野檀車兵車也詩曰檀車嘽嘽四牡痯痯征夫不遠嘽音昌善反痯音管】天災不有痛於肌膚震食不即損於聖體故蔑三光之謬輕上天之怒伏念高祖之起始自布衣【高祖曰吾以布衣提三尺劍以取天下】拾暴秦之敝追亡周之鹿【前書蒯通曰秦失其鹿天下共逐之音義云以鹿喻帝位也】合散扶傷克成帝業功既顯矣勤亦至矣流福遺祚至於陛下陛下既不能增明烈考之軌而忽高祖之勤妄假利器委授國柄使羣醜刑隸芟刈小民雕敝諸夏虐流遠近【利器謂威權也周禮太宰以八柄詔王馭羣臣謂爵祿與置生奪廢誅也刑隸謂閹人也】故天降眾異㠯戒陛下陛下不悟而競令虎豹窟於麑場豺狼乳於

春囿鹿子曰麛乳產也斯豈唐咎禹稷益典朕虞議物賦土蒸民之意哉又令牧守長吏上下交競封豕長蛇蠶食天下貨殖者爲窮冤之魂貧餧者作飢寒之鬼高門獲東觀之辜豐室羅妖叛之罪說苑曰孔子爲魯司寇七日而誅少正卯於東觀之下也死者悲於窀穸生者戚於朝野杜元凱注左傳曰窀厚也穸夜也厚夜猶長夜也是愚臣所爲咨嗟長懷歎息者也且秦之將亡正諫者誅諛進者賞前書賈山上書曰秦始皇進諛諂之人殺直諫之士也嘉言結於忠舌國命出於讒口擅閻樂於咸陽授趙高以車府趙高爲車府令與婿咸陽令閻樂謀殺胡亥事見史記也權去己而不知威離身而不顧古今一揆成敗同埶願陛下遠覽强秦之傾近察哀平之變得失昭然禍福可見臣又聞危非仁不扶亂非智不救故武丁得傅說以消鼎雉之災武丁殷王高宗也尚書曰高宗得傅說爲相殷復興焉高宗時有雉登鼎耳而雊武丁懼而修德位以永寍周宣用申甫以濟夷厲之荒申伯仲山甫周宣王之臣也詩曰惟申及甫惟周之翰史記曰周孝王之子燮是爲夷王夷王崩子厲王胡立行暴虐死于彘也竊見故冀州刺史南陽朱穆前烏桓校尉臣同郡李膺皆履正清平

貞高絶俗穆前在冀州奉憲操平摧破姦黨掃清萬里膺歷典牧守正身率下及掌戎馬威揚朔北斯實中興之良佐國家之柱臣也宜還本朝挾輔王室上齊七燿下鎭萬國臣敢吐不時之義於諱言之朝不時謂不合於時也諱言謂拒諫也猶氷霜見日必至消滅臣始悲天下之可悲今天下亦悲臣之愚惑也書奏不省時有上書言人以貨輕錢薄故致貧困宜改鑄大錢事下四府群僚及太學能言之士陶上議曰聖王承天制物與人行止建功則衆悅其事興戎而師樂其旅是故靈臺有子來之人武旅有鳧藻之士詩大雅曰經始靈臺經之營之不日成之經始勿亟庶人子來武旅周武王之旅鳧得水藻言喜悅也皆舉合時宜動順人道也臣伏讀鑄錢之詔平輕重之議訪覃幽微不遺窮賤是以藿食之人謬延逮及說苑曰有東郭祖朝者上書於晉獻公曰願請聞國家之計獻公使人告之曰肉食者已慮之矣藿食者尚何預焉祖朝曰肉食者一旦失計於廟堂之上若臣等藿食盜得無肝膽塗地於中原之野其禍亦及臣之身安得無預國家之計乎蓋以爲當今之憂不在乎貨在乎民飢夫生養之道先食後民

是吕先王觀象育物敬授民時象天象也尚書曰欽若昊天敬授人時使男不逋畝女不下機故君臣之道行王路之教通由是言之食者乃有國之所寶生民之至貴也竊見比年吕來良苗盡於蝗螟之口杼柚空於公私之求詩曰小東大東杼柚其空所急朝夕之餐所患靡盬之事豈謂錢貨之厚薄銖兩之輕重哉就使當今沙礫化爲南金瓦石變爲和玉詩曰大路南金和玉卞和之玉也使百姓渴無所飲飢無所食雖皇羲之純德唐虞之文明猶不能吕保蕭牆之內也蓋民可百年無貨不可一朝有飢故食爲至急也議者不達農殖之本多言鑄冶之便或欲因緣行詐吕賈國利國利將盡取者爭競造鑄之端於是乎生蓋萬人鑄之一人奪之猶不能給況今一人鑄之則萬人奪之乎雖吕陰陽爲炭萬物爲銅賈誼之言役不食之民使不飢之士猶不能足無厭之求也夫欲民殷財阜要在止役禁奪則百姓不勞而足陛下聖德愍海內之憂

戚傷天下之艱難欲鑄錢齊貨以救其敝此猶養魚沸鼎之中棲鳥烈火之上水木本魚鳥之所生也用之不時必至燋爛願陛下寬鍥薄之禁後冶鑄之議鍥刻也音口結反聽民庶之謡吟問路叟之所憂列子曰堯理天下五十年不知天下理亂堯乃微服游於康衢兒童謡曰立我蒸民莫不爾極不識不知順帝之則說苑曰孔子行遊中路聞哭者聲其音甚悲孔子避車而問之曰夫子非有喪也何哭之悲虞丘子對曰吾有三失吾少好學周徧天下還後吾親亡是一失也事君驕奢不遂是二失也厚交友而後絕是三失也瞰三光之文耀視山河之分流三光日月星也分謂山流謂河言日月有讁食之災星辰有錯行之變故視其文耀也山崩川竭皆亡之徵也天下之心國家大事粲然皆見無有遺惑者矣臣嘗誦詩至於鴻鴈于野之勞哀勤百堵之事每喟爾長懷中篇而歎詩小雅鴻鴈之篇曰鴻鴈于飛肅肅其羽之子于征劬勞于野鴻鴈于飛集于中澤之子于垣百堵皆作鄭玄注云壞滅之國徵人起屋舍築牆壁百堵同時而起言趨事也近聽征夫飢勞之聲甚於斯歌是以追悟匹婦吟魯之憂始於此乎列女傳曰魯漆室邑之女過時未適人當穆公之時君老太子幼女倚柱而啼傍人聞之心莫不慘慘者鄰婦從之遊謂曰何哭之悲子欲嫁乎吾為子求偶漆室女曰嗟乎始吾以子為知今反無識也豈為嫁之故不樂而悲哉吾憂魯君老而太子少也見白駒之意屛營彷徨不能監寐詩曰皎皎白駒食我場苗縶之維之以永今朝白駒喻賢人也監寐猶寤寐也伏念當今地廣而

不得耕民眾而無所食群小競起進秉國之位鷹揚天下烏鈔求飽吞肌及骨並噬無厭誠恐卒有役夫窮匠起於板築之間役夫謂陳涉起蘄也窮匠謂驪山之徒也並見史記也投斤攘臂登高遠呼使愁怨之民響應雲合八方分崩中夏魚潰公羊傳曰其言梁亡何魚爛而亡也何休曰魚爛從中發潰爛也雖方尺之錢何能有救其危猶舉函牛之鼎絓纖枯之末函牛之鼎謂大鼎也淮南子曰函牛之鼎沸則蝇不得置一足焉絓掛也音胡賣反詩人所㠯眷然顧之潸焉出涕者也詩小雅大東之文也潸涕下貌鄭玄注云傷今不加古也臣東野狂闇不達大義緣廣及之時對過所問知必㠯身脂鼎鑊爲天下笑帝竟不鑄錢後陶舉孝廉除順陽長縣多姦猾陶到官宣募吏民有氣力勇猛能㠯死易生者不拘亡命姦臧於是剽輕劍客之徒過晏等十餘人過姓也過國之後見左傳皆來應募陶責其先過要㠯後效使各結所厚少年得數百人皆嚴兵待命於是覆案姦軌所發若神㠯病免吏民思而歌之曰邑然不樂思我劉君何時復來安此下民陶明尙書

春秋爲之訓詁推三家尚書三家謂夏侯建夏侯勝歐陽和伯也及古文是正文字三百餘事名曰中文尚書頃之拜侍御史靈帝徧聞其名數引納之時鉅鹿張角僞託大道妖惑小民陶與奉車都尉樂松議郎袁貢連名上疏言之曰聖王㠯天下耳目爲視聽故能無不聞見今張角支黨不可勝計前司徒楊賜奏下詔書切敕州郡護送流民會賜去位不復捕錄雖會赦令而謀不解散四方私言云角等竊入京師覘視朝政鳥聲獸心私共鳴呼州郡忌諱不欲聞之但更相告語莫肯公文宜下明詔重募角等賞㠯國土有敢回避與之同罪帝殊不悟方詔陶次第春秋條例明年張角反亂海內鼎沸帝思陶言封中陵鄉侯三遷尚書令㠯所舉將爲尚書難與齊列乞從冗散拜侍中㠯數切諫爲權臣所憚徙爲京兆尹到職當出修宮錢直千萬時拜職名當出買官之錢謂之修宮錢也陶旣清貧而恥㠯錢買職稱疾不聽政帝

痌重陶才原其罪徵拜諫議大夫是時天下日危寇賊方熾陶憂致崩亂復上疏曰臣聞事之急者不能安言心之痛者不能緩聲竊見天下前遇張角之亂後遭邊章之寇每聞羽書告急之聲心灼內熱四體驚竦今西羌逆類私署將帥皆多段熲時吏曉習戰陳識知山川變詐萬端臣常懼其輕出河東馮翊鈔西軍之後東之函谷據阨高望今果已攻河東恐遂轉更豕突上京如是則南道斷絕車騎之軍孤立時湟中義從胡北宮伯玉等叛遣左車騎將軍皇甫嵩討之不克也關東破膽四方動搖威之不來叫之不應雖有田單陳平之策計無所用臣前驛馬上便宜急絕諸郡賦調冀尚可安事付主者留連至今莫肯求問今三郡之民皆以奔亡南出武關北徙壺谷三郡河東馮翊京兆也壺谷壺關之谷在上黨也冰解風散唯恐在後今其存者尚十三四軍吏士民悲愁相守民有百走退死之心而無一前鬭生之計西寇浸前去營咫尺胡騎分

布已至諸陵將軍張溫天性精勇而主者旦夕迫促軍無後殿假令失利其敗不救臣自知言數見厭而言不自裁者以為國安則臣蒙其慶國危則臣亦先亡也謹復陳當今要急八事乞須臾之間深垂納省其八事大較言天下大亂皆由宦官宦官事急共讒陶曰前張角事發詔書示以威恩自此以來各各改悔今者四方安靜而陶疾害聖政專言妖孽州郡不上陶何緣知疑陶與賊通情於是收陶下黃門北寺獄掠按日急陶自知必死對使者曰朝廷前封臣云何今反受邪譖恨不與伊呂同疇而以三仁為輩論語曰殷有三仁焉微子去之箕子為之奴比干諫而死遂閉氣而死天下莫不痛之陶著書數十萬言又作七曜論匡老子反韓非復孟軻及上書言當世便事條教賦奏書記辯疑凡百餘篇時司徒東海陳耽亦以非罪與陶俱死耽以忠正稱歷位三司光和五年詔公卿以謠言舉刺史二千石謠言謂聽百姓

風謠善惡而黜陟之也爲民蠹害者時太尉許馘司空張濟承望內官受取貨賂其宦者子弟賓客雖貪汙穢濁皆不敢問而虛糾邊遠小郡清修有惠化者二十六人吏人詣闕陳訴耽與議郎曹操上言公卿所舉率黨其私所謂放鴟梟而囚鸞鳳其言忠切帝以讓馘濟由是諸坐謠言徵者悉拜議郎宦官怨之遂誣陷耽死獄中

李雲字行祖甘陵人也性好學善陰陽初舉孝廉再遷白馬令桓帝延熹二年誅大將軍梁冀而中常侍單超等五人皆以誅冀功並封列侯專權選舉又立掖庭民女亳氏爲皇后數月間后家封者四人賞賜巨萬時封后兄康爲比陽侯弟統昆陽侯統從兄會安陽侯統弟秉爲淯陽侯是時地數震裂衆災頻降雲素剛憂國將危心不能忍乃露布上書移副三府露布謂不封之也并以副本上三公府也曰臣聞皇后天下母德配坤靈得其人則五氏來備不得其人則地動搖宮史記曰庶徵曰雨曰暘曰燠曰風曰寒五是來備各以其序庶草繁廡是與氏古字通耳春秋漢含孳曰女主盛臣制命則地動比年災

異可謂多矣皇天之戒可謂至矣高祖受命至今三百六十四歲君期一周當有黃精代見姓陳項虞田許氏不可令此人居太尉太傅典兵之官黃精謂魏氏將興也陳項虞田並舜之後舜土德亦尚黃故忌也舉厝至重不可不慎班功行賞宜應其實梁冀雖持權專擅虐流天下今以罪行誅猶召家臣搤殺之耳而猥封謀臣萬戶以上高祖聞之得無見非西北列將得無解體列將謂皇甫規段熲等孔子曰帝者諦也春秋運斗樞曰五帝修名立功修德成化統調陰陽招類使神故稱帝帝之言諦也鄭玄注云審諦於物色也今官位錯亂小人諂進財貨公行政化日損尺一拜用不經御省尺一之板謂詔策也見漢官儀是帝欲不諦乎帝得奏震怒下有司逮雲詔尚書都護劍戟送黃門北寺獄使中常侍管霸與御史廷尉雜考之時弘農五官掾杜眾傷雲以忠諫獲罪上書願與雲同日死帝愈怒遂并下廷尉大鴻臚陳蕃上疏救雲曰李雲所言雖不識禁忌干上逆旨其意歸于忠國而已昔高祖忍周昌不諱之諫成

帝赦朱雲腰領之誅 周昌解見陳忠傳朱雲上書曰臣願賜尚方斬馬劍斷佞臣一人以厲其餘上問誰也對曰安昌侯張禹上大怒曰小臣居下訕上廷辱師傅罪死不赦御史將雲去左將軍辛慶忌以死爭上意解然後得已事並見前書 今日殺雲臣恐剖心之譏復議於世矣 比干以死諫紂紂怒曰吾聞聖人心有七竅乃剖比干而觀其心事見史記 故敢觸龍鱗冒昧以請 韓子曰夫龍之爲蟲也可狎而馴也然喉下有逆鱗嬰之則殺人人主有逆鱗說者嬰之則亦幾矣 太常楊秉洛陽市長沐茂郎官上官資並上疏請雲帝恚甚有司奏以爲大不敬詔切責蕃秉免歸田里茂資貶秩二等時帝在濯龍池管霸奏雲等事霸詭言曰李雲野澤愚儒杜衆郡中小吏出於狂戇不足加罪帝謂霸曰帝欲不諦是何等語而常侍欲原之邪顧使小黃門可其奏雲衆皆死獄中後冀州刺史賈琮使行部過祠雲墓刻石表之

論曰禮有五諫諷爲上 五諫謂諷諫順諫闚諫指諫陷諫也諷諫者知患禍之萌而諷告也順諫者出辭遜順不逆君心也闚諫者視人君顏色而諫也指諫者質指其事而諫也陷諫者言國之害忘生爲君也見大戴禮 若夫託物見情因文載旨使言之者無罪聞之者足以自戒 卜商詩序之文也 貴在於意達言從理歸乎正曷其絞訐

摩上以衒沽成名哉絞直也訐正也沽賣之也李雲草茅之生不識失身之義儀禮曰凡自稱於君宅者在邦則曰市井之臣在野則曰草茅之臣庶人則曰刺草之臣易曰臣不密則失身遂乃露布帝者班檄三公至於誅死而不顧斯豈古之狂也論語曰古之狂也直今之狂也詐而已矣夫未信而諫則以爲謗己論語曰事君信而後諫其君未信則以爲謗己故說者識其難焉韓非有說難篇

劉瑜字季節廣陵人也高祖父廣陵靖王父辯清河太守謝承書曰父祥爲清河太守瑜少好經學尤善圖讖天文歷算之術州郡禮請不就延熹八年太尉楊秉舉賢良方正及到京師上書陳事曰臣瑜自念東國鄙陋得以豐沛枝胤被蒙復除不給卒伍故太尉楊秉知臣竊闚典籍猥見顯舉誠冀臣愚直有補萬一而秉忠謨不遂命先朝露臣在下土聽聞歌謠驕臣虐政之事遠近呼嗟之音竊爲辛楚泣血漣如幸得引錄備答聖問泄寫至情不敢庸回庸用也回邪也誠願陛下且以須臾之慮覽今往之事人何爲咨嗟天曷爲動變蓋諸侯之

位上法四七，垂文炳燿，關之盛衰者也。〔四七，二十八宿也。諸侯為天子守四方，猶天之有二十八宿。漢官儀曰：「天子建侯，上法四七也。」〕今中官邪孽，比肩裂土，皆競立胤嗣，繼體傳爵，或乞子疎屬，或買兒市道，殆乖開國承家之義。〔易曰：「大君有命，開國承家。」〕古者天子一娶九女，〔公羊傳曰：「諸侯一聘三女，天子一娶九女，夏殷制也。」〕娣姪有序，河圖授嗣，正在九房。今女嬖令色，充積閨帷，皆當盛其玩飾，宂食空宮，勞散精神，生長六疾。〔左傳曰：「天有六氣，淫生六疾。六氣曰陰陽風雨晦明，過則為災。陰淫寒疾，陽淫熱疾，風淫末疾，雨淫腹疾，晦淫惑疾，明淫心疾。女，陽物也而晦時，淫則生內熱惑蠱之疾也。」〕此國之費也，生之傷也。且天地之性，陰陽正紀，隔絕其道，則水旱為并。詩云：「五日為期，六日不詹。」〔詩小雅曰：「終朝采藍，不盈一襜。五日為期，六日不詹。」注云：「詹，至也。婦人過時而怨曠，期至五日而歸，今六日不至，是以憂也。」〕怨曠作歌，仲尼所錄。〔謂仲尼刪詩編錄也。〕況從幼至長，幽藏歿身。又常侍黃門亦廣妻娶。怨毒之氣，結成妖眚。行路之言，官發略人女，取而復置，轉相驚懼。孰不悉然，無緣空生此謗。鄒衍匹夫，杞氏匹婦，尚有城崩霜隕之異，況乃羣輩咨怨，能無感乎！〔淮南子曰：「鄒衍事燕惠王，盡忠，左右譖之，王繫之，仰天而哭，五月天為之下霜。」列女傳曰：「齊人杞梁襲莒，戰死，其妻無所歸乃就夫尸於城下而哭之七日城崩也昔秦作阿房國多刑人今第舍增多窮極奇巧掘山攻石不避時令禮記月令曰孟夏之月無有壞墮無起土功無發大衆也促以嚴刑威以正法民無罪而覆入之民有田而覆奪之州郡官府各自考事姦情賕賂皆爲吏餌民愁鬱結起入賊黨官輒興兵誅討其罪貧困之民或有賣其首級以要酬賞父兄相代殘身妻孥相視分裂窮之如彼伐之如此豈不痛哉又陛下以北辰之尊神器之寶而微行近習之家私幸宦官之舍近習謂親近狎者賓客市買熏灼道路因此暴縱無所不容今三公在位皆博達道埶而各正諸己莫或匡益者非不智也畏死罰也惟陛下設置七臣以廣諫道孝經曰古者天子有爭臣七人鄭玄注七人謂三公及前疑後承左輔右弼及開東序金縢史官之書從堯舜禹湯文武致興之道爾雅曰東西牆謂之序書曰天球河圖在東序縢緘也以金緘之不欲人開也遠佞邪之人放鄭衛之聲則政致和平德感祥風矣孝經援神契曰德至八方則祥風至臣悾悾推情言不足採悾悾誠慤之貌懼以觸忤征營慴悸於

是特詔召瑜問災咎之徵指事案經讖以對執政者欲令瑜依違其辭而更策以他事瑜復悉心以對八千餘言有切於前帝竟不能用拜爲議郎及帝崩大將軍竇武欲大誅宦官乃引瑜爲侍中又以侍中尹勳爲尚書令共同謀畫及武敗瑜勳並被誅事在武傳勳字伯元河南人從祖睦爲太尉睦孫頌爲司徒勳爲人剛毅直方少時每讀書得忠臣義士之事未嘗不投書而仰歎自以行不合於當時不應州郡公府禮命桓帝時以有道徵四遷尚書令延熹中誅大將軍梁冀帝召勳部分眾職甚有方略封宜陽鄉侯僕射霍諝尚書張敬歐陽參李偉虞放周永並封亭侯勳後再遷至九卿以病免拜爲侍中八年中常侍具瑗左悺等有罪免奪封邑因黜勳等爵瑜誅後宦官悉焚其上書以爲訛言子琬傳瑜學明占候能著災異舉方正不行

謝弼字輔宣東郡武陽人也謝承書曰弼字輔鸞東郡濮陽人也與此不同中直方正猶言中正方直也爲鄉邑所宗師建寧二年詔舉有道之士弼與東海陳敦玄菟公孫度俱對策皆除郎中時青蛇見前殿大風拔木詔公卿以下陳得失弼上封事曰臣聞和氣應於有德妖氣生乎失政上天告譴則王者思其愆政道或虧則姦臣當其罰夫蛇者陰氣所生鱗者甲兵之符也謝承書曰蛇者陰之所生龍之類也龍有鱗甲兵之符也鴻範傳曰厥極弱時則有蛇龍之孽前書曰皇之不極是謂不建厥極弱時則有下伐上之痾龍蛇之孽也又熒惑守亢裴回不去法有近臣謀亂發於左右不知陛下所與從容帷幄之內親信者爲誰宜急斥黜以消天戒臣又聞惟虺惟蛇女子之祥詩小雅之文也鄭玄注云虺蛇穴處陰之祥也故爲生女伏惟皇太后定策宮闈援立聖明書云父子兄弟罪不相及竇氏之誅豈宜咎延太后幽隔空宮愁感天心如有霧露之疾陛下當何面目以見天下文帝徙淮南王長於蜀袁盎曰淮南王爲人剛今暴摧折之臣恐其逢霧露病死陛下有殺弟之名也昔周襄王不能敬事其

母戎狄遂至交侵（史記曰周襄王母早死後母曰惠后生叔帶有寵帶與戎翟謀伐襄王）孝和皇帝不絕竇氏之恩前世㠯為美談（竇太后崩張酺等奏云不宜合葬先帝和帝手詔曰臣子無貶尊上之文恩不忍離於是合葬見皇后紀也）禮為人後者為之子今㠯桓帝為父豈得不㠯太后為母哉援神契曰天子行孝四夷和平方今邊境日蹙兵革蜂起自非孝道何㠯濟之願陛下仰慕有虞蒸蒸之化俯思凱風慰母之念（尚書舜典曰蒸蒸乂不格姦孔安國注曰蒸蒸猶進進也言舜進於善道詩凱風曰有子七人莫慰母心）臣又聞爵賞之設必酬庸勳開國承家小人勿用（易師卦上六爻詞也）今功臣久外未蒙爵秩阿母寵私乃享大封大風雨雹亦由於茲又故太傅陳蕃輔相陛下勤身王室夙夜匪懈而見陷壘邪一旦誅滅其為酷濫駭動天下門生故吏竝離徙錮蕃身已往人百何贖（詩國風曰如可贖兮人百其身）宜還其家屬解除禁網夫台宰重器國命所繼今之四公唯司空劉寵斷斷首善餘皆素餐致寇之人（四公謂劉矩為太尉許訓為司徒胡廣為太傅及寵也書曰如有一介臣斷斷猗無它技孔安國注云斷斷猗然專一之臣也素空也無德而食其祿曰素餐易曰負且乘致寇至也）必有折足

覆餗之凶可因災異並加罷黜易曰鼎折足覆公餗鼎以喻三公餗鼎實也折足覆餗言不勝其任徵故司空王暢長樂少府李膺並居政事庶災變可消國祚惟永臣山藪頑闇未達國典策曰無有所隱敢不盡愚用忘諱忌伏惟陛下裁其誅罰左右惡其言出爲廣陵府丞去官歸家中常侍曹節從子紹爲東郡太守忿疾於弼遂以他罪收考掠按死獄中時人悼傷焉初平二年司隸校尉趙謙上訟弼忠節求報其怨魂乃收紹斬之

贊曰鄧不明辟尚書曰朕復子明辟孔安國注云復還明君之政於成王也言鄧后臨朝不還政於安帝也梁不損陵慊慊欒杜諷辭以興黃寇方熾子奇有識識叶韻音式侍反武謀允臧瑜亦協志弼忤宦情雲犯時忌成仁喪己同方殊事

杜欒劉李劉謝列傳第四十七

金陵書局仿汲古閣本刊

後漢書五十七

虞傅臧蓋列傳第四十八　　後漢書五十八

唐章懷太子賢注

虞詡字升卿陳國武平人也武平故城在今亳州鹿邑縣東北酈元水經注云武平城西南七里有漢尚書令虞詡碑題云君諱詡字定安虞仲之後定安蓋詡之別字也祖父經爲郡獄吏案法平允務存寬恕每冬月上其狀恒流涕隨之嘗稱曰東海于公高爲里門而其子定國卒至丞相前書于定國字曼倩東海人其父于公爲縣獄吏郡法曹所決皆不恨爲之生立祠其門閭壞父老方共修之于公曰少高大閭門令容駟馬高蓋車我決獄多陰德未嘗有所冤子孫必有興者至定國爲丞相孫永爲御史大夫也吾決獄六十年雖不及于公其庶幾乎子孫何必不爲九卿邪故字詡曰升卿詡年十二能通尚書早孤孝養祖母縣舉順孫國相奇之欲以爲吏詡辭曰祖母九十非詡不養相乃止後祖母終服闋辟太尉李修府拜郎中漢官儀曰修字伯游襄城人也永初四年羌胡反亂殘破并涼大將軍鄧騭以軍役方費事不相贍欲棄涼州并力北邊乃會公卿集議騭曰譬若衣敗壞一以相補猶有所完

若不如此將兩無所保議者咸同詡聞之乃說李修曰竊聞公卿定策當棄涼州求之愚心未見其便先帝開拓土宇劬勞後定而今憚小費舉而棄之涼州既棄即以三輔爲塞三輔爲塞則園陵單外此不可之甚者也諺曰關西出將關東出相說文曰諺傳言也前書曰秦漢以來山東出相山西出將秦時郿白起頻陽王翦漢興義渠公孫賀傅介子成紀李廣李蔡上邽趙充國狄道辛武賢皆名將也丞相則蕭曹魏邴韋平孔翟之類也觀其習兵壯勇實過餘州今羌胡所以不敢入據三輔爲心腹之害者以涼州在後故也其士人所以推鋒執銳無反顧之心者爲臣屬於漢故也若棄其境域徙其人庶安土重遷必生異志如使豪雄相聚席卷而東席卷言無餘也前書曰雲徹席捲後無餘災也雖賁育爲卒太公爲將猶恐不足當禦議者喻以補衣猶有所完詡恐其疽食侵淫而無限極棄之非計疽癰瘡也修曰吾意不及此微子之言幾敗國事然則計當安出詡曰今涼土擾動人情不安竊憂卒然有非常之變誠宜令四府九卿四府謂太傅太

尉司徒司空之府也九卿謂太常光祿衞尉廷尉太僕大鴻臚宗正大司農少府等也各辟彼州數人其牧守令長子弟皆除爲冗官冗散也音人勇反外以勸厲答其功勤內以拘致防其邪計修善其言更集四府皆從詡議於是辟西州豪傑爲掾屬拜牧守長吏子弟爲郎以安慰之鄧隲兄弟以詡異其議因此不平欲以吏法中傷詡後朝歌賊甯季等數千人攻殺長吏屯聚連年州郡不能禁乃以詡爲朝歌長故舊皆弔詡曰得朝歌何衰詡笑曰志不求易事不避難臣之職也不遇槃根錯節何以別利器乎始到謁河內太守馬棱棱字伯威援族孫也棱勉之曰君儒者當謀謨廟堂反在朝歌邪詡曰初除之日士大夫皆見弔勉以詡譸之知其無能爲也譸當作籌也朝歌者韓魏之郊韓界上黨魏界河內相接犬牙故云郊也背大行臨黃河去敖倉百里敖倉在滎陽解見安紀也而青冀之人流亡萬數賊不知開倉招衆劫庫兵符城皋斷天下右臂右臂喻要便也此不足憂也今其衆新盛難與爭鋒兵不厭權願寬

假轡策不令有所拘閡而已閡與礙同及到官設令三科以募求壯士自掾史以下各舉所知其攻劫者爲上傷人偷盜者次之帶喪服而不事家業爲下收得百餘人詡爲饗會悉貰其罪使入賊中誘令劫掠伏兵以待之遂殺賊數百人又潛遣貧人能縫者傭作賊衣以采綖縫其裾爲幟幟記也續漢書曰以絳縷縫其裾也有出市里者吏輒禽之賊由是駭散咸稱神明遷懷令後羌寇武都鄧太后以詡有將帥之略遷武都太守引見嘉德殿厚加賞賜羌乃率衆數千遮詡於陳倉崤谷詡卽停軍不進而宣言上書請兵須到當發羌聞之乃分鈔傍縣詡因其兵散日夜進道兼行百餘里令吏士各作兩竈日增倍之羌不敢逼或問曰孫臏減竈而君增之孫臏爲齊軍將與魏龐涓戰死齊軍入魏地爲十萬竈明日爲五萬竈明日爲三萬竈龐涓行三日大喜曰我固知齊卒怯入吾地三日士卒亡過半矣事見史記兵法日行不過三十里以戒不虞前書王吉上疏曰古者師行三十里吉行五十里而今日且二百里何也詡曰虜衆多吾兵少

徐行則易爲所及速進則彼所不測虜見吾竈日增必謂郡兵來
迎衆多行速必憚追我孫臏見弱吾今示彊勢有不同故也旣到
郡兵不滿三千而羌衆萬餘攻圍赤亭數十日赤亭故城在今渭州襄武縣東南有赤亭水也詡
乃令軍中使彊弩勿發而潛發小弩羌以爲失力弱不能至并兵
急攻詡於是使二十彊弩共射一人發無不中羌大震退詡因出
城奮擊多所傷殺明日悉陳其衆令從東郭門出北一作西郭門入
貿易衣服回轉數周羌不知其數更相恐動詡計賊當退乃遣潛
五百餘人於淺水設伏候其走路虜果大奔因掩擊大破之斬獲
甚衆賊由是敗散南入益州詡乃占相地埶築營壁二百八十所
招還流亡假賑貧人郡遂以安先是運道艱險舟車不通驢馬負
載僦五致一廣雅曰僦賃也音子救反僦五致一謂用五石賃而致一石也詡乃自將吏士案行川谷自沮
至下辯沮及下辯並縣名沮今興州順政縣也下辯今成州同谷縣也沮音七余反數十里皆燒石翦木開漕船道

續漢書曰下辯東三十餘里有峽中當水泉生大石障塞水流每至春夏輒溢沒秋稼壞敗營郭詡乃使人燒石以水灌之石皆拆裂因鐫去石遂無汎溺之患也㠯人僦直雇借傭者於是水運通利歲省四千餘萬詡始到郡戶裁盈萬及綏聚荒餘招還流散二三年閒遂增至四萬餘戶鹽米豐賤十倍於前續漢書曰詡始到穀石千鹽石八千見戶萬三千視事三歲米石八十鹽石四百流人還歸郡戶數萬人足家給一郡無事坐法免永建元年代陳禪爲司隸校尉數月閒奏太傅馮石太尉劉熹中常侍程璜陳秉孟生李閏等百官側目號爲苛刻三公劾奏詡盛夏多拘繫無辜爲吏人患詡上書自訟曰法禁者俗之隄防刑罰者人之御轡禮記曰夫禮禁亂之所由生猶防止水之所自來也故以舊防爲無用壞之者必有水敗尸子曰刑罰者人之鞭策也今州曰任郡郡曰任縣更相委遠百姓怨窮㠯苟容爲賢盡節爲愚臣所發舉臧罪非一二府恐爲臣所奏遂加誣罪臣將從史魚死卽㠯尸諫耳韓詩外傳曰昔者衛大夫史魚病且死謂其子曰我數言蘧伯玉之賢而不能進彌子瑕不肖不能退爲人臣生不能進賢而退不肖死不當理喪正堂殯我於室足矣衛君問其故子以父言聞君乃立召蘧伯玉而貴之彌子瑕而退之徙殯於正堂成禮而後去也順帝省其章乃爲免司空陶敦漢官儀曰敦字文理京兆人也時中

常侍張防特用權埶每請託受取詡輒案之而屢寑不報詡不勝其憤乃自繫廷尉奏言曰昔孝安皇帝任用樊豐遂交亂嫡統幾亡社稷今者張防復弄威柄國家之禍將重至矣臣不忍與防同朝謹自繫以聞無令臣襲楊震之跡震爲樊豐所譖而死書奏防流涕訴帝詡坐論輸左校防必欲害之二日之中傳考四獄獄吏勸詡自引詡曰寍伏歐刀以示遠近歐刀刑人之刀也宦者孫程張賢等知詡以忠獲罪乃相率奏乞見程曰陛下始與臣等造事之時謂順帝爲太子被江京等廢爲濟陰王程等謀立之時也常疾姦臣知其傾國今者即位而復自爲何以非先帝乎司隸校尉虞詡爲陛下盡忠而更被拘繫常侍張防臧罪明正反搆忠良今客星守羽林其占宮中有姦臣史記天官書曰虚危南有衆星曰羽林也宜急收防送獄以塞天變下詔出詡還假印綬時防立在帝後程乃叱防曰姦臣張防何不下殿防不得已趨就東箱埤蒼云箱序也字或作廂程曰陛下急收防無令從

阿母求請（阿母宋娥也）帝問諸尚書尚書賈朗素與防善證詡之罪帝疑焉謂程曰且出吾方思之於是詡子顗與門生百餘人舉幡候中常侍高梵車叩頭流血訴言枉狀梵乃入言之防坐徙邊賈朗等六人或死或黜即日赦出詡程復上書陳詡有大功語甚切激帝感悟復徵拜議郎數日遷尚書僕射是時長吏二千石聽百姓讁罰者輸贖號爲義錢託爲貧人儲而守令因以聚斂詡上疏曰詡年以來貧百姓章言長吏受取百萬以上者匈匈不絕讁罰吏人至數千萬而三公刺史少所舉奏尋永平章和中州郡以走卒錢給貸貧人（走卒伍伯之類也續漢志曰伍伯公八人中二千石六人千石六百石皆四人自百石以下至二百石皆二人黃綬武官伍伯文官辟車鈴下侍閤門蘭部署街走卒皆有程品多少隨所典領率皆赤幘絳褠卽今行鞭杖者也此言錢者令其出資錢不役其身也）司空劾案州及郡縣皆坐免黜今宜遵前典蠲除權制於是詔書下詡章切責州郡讁罰輸贖自此而止先是寧陽主簿詣闕訴其縣令之枉（寧陽縣屬東平國故城在今兗州龔丘縣南也）積六

七歲不省主簿乃上書曰臣爲陛下子陛下爲臣父臣章百上終不見省臣豈可北詣單于㠯告怨乎帝大怒持章示尚書尚書遂劾㠯大逆詡駮之曰主簿所訟乃君父之怨百上不達是有司之過愚蠢之人不足多誅帝納詡言笞之而已詡因謂諸尚書曰小人有怨不遠千里斷髮刻肌詣闕告訴而不爲理豈臣下之義君與濁長吏何親而與怨人何仇乎聞者皆慙詡又上言臺郎顯職仕之通階今或一郡七八或一州無人宜令均平㠯厭天下之望及諸奏議多見從用詡好刺舉無所回容（回曲也）數㠯此忤權戚遂九見譴考三遭刑罰而剛正之性終老不屈永和初遷尚書令㠯公事去官朝廷思其忠復徵之會卒臨終謂其子恭曰吾事君直道行己無愧所悔者爲朝歌長時殺賊數百人其中何能不有寃者自此二十餘年家門不增一口斯獲罪於天也恭有俊才官至上

黨太守

傅燮字南容北地靈州人也靈州縣也本字幼起慕南容三復白圭乃易字焉家語子貢對衞文子也一日三復白圭之玷是南宮縚之行之王肅注云玷缺也詩云白圭之玷尙可磨也斯言之玷不可爲也一日三復愼之至也身長八尺有威容少師事太尉劉寛再舉孝廉聞所舉郡將喪乃棄官行服後爲護軍司馬與左中郎皇甫嵩俱討賊張角燮素疾中官旣行因上疏曰臣聞天下之禍不由於外皆興於內是故虞舜升朝先除四凶然後用十六相左傳曰昔高陽氏有才子八人蒼舒隤凱檮戭大臨尨降庭堅仲容叔達謂之八愷高辛氏有才子八人伯奮仲堪叔獻季仲伯虎仲熊叔豹季貍謂之八元明惡人不去則善人無由進也今張角起於趙魏黃巾亂於六州皇甫嵩傳曰連結郡國自靑徐幽冀荆揚兗豫八州之人莫不畢應此云六州蓋初起時也此皆釁發蕭牆而禍延四海者也臣受戎任奉辭伐罪始到潁川戰無不尅黃巾雖盛不足爲廟堂憂也臣之所懼在於治水不自其源末流彌增其廣耳陛下仁德寛容多所不忍故閹竪弄權忠臣不進誠使張角梟

夷黃巾變服臣之所憂甫益深耳（甫始也）何者夫邪正之人不宜共國亦猶冰炭不可同器（韓子曰冰炭不同器而久寒暑不同時而至也）彼知正人之功顯而危亡之兆見皆將巧辭飾說共長虛偽夫孝子疑於屢至（甘茂對秦武王曰昔曾參之居費魯人有與曾參同姓名者殺人人告其母曰曾參殺人其母織自若也又告之其母自若也又告之其母投杼下機踰牆而走夫以曾參之賢與其母之信也三人疑之其母懼焉見史記）市虎成於三夫（解見馬援傳）若不詳察真偽忠臣將復有杜郵之戮矣（白起與應侯有隙構之秦昭王免起為士伍遷之陰密行出咸陽西門十里至杜郵使賜劍自裁見史記案杜郵今咸陽城是其地酈元注水經云渭水北有杜郵亭也）陛下宜思虞舜四罪之舉速行讒佞放殛之誅（殛音紀力反殛亦誅也）則善人思進姦凶自息臣聞忠臣之事君猶孝子之事父也子之事父焉得不盡其情使臣身被鈇鉞之戮陛下少用其言國之福也書奏宦者趙忠見而忿惡及破張角燮功多當封忠訴譖之（續漢書曰燮軍斬賊三帥而已張伯梁仲寍等功高為封首）靈帝猶識燮言（識記也音志）得不加罪竟亦不封以為安定都尉以疾免後拜議郎會西羌反邊章韓遂作亂隴右徵發天下役賦無已司徒崔烈以為宜

棄涼州詔會公卿百官烈堅執先議燮厲言曰斬司徒天下乃安尚書郎楊贊奏燮廷辱大臣帝以問燮燮對曰昔冒頓至逆也樊噲為上將願得十萬眾橫行匈奴中憤激思奮未失人臣之節顧計當從與不耳季布猶曰噲可斬也冒頓匈奴單于名也前書曰季布為中郎將單于為書嫚呂太后呂太后怒召諸將議之將軍樊噲曰願得十萬眾橫行匈奴中諸將皆阿太后以噲言為然布曰樊噲可斬也夫以高帝兵三十萬困於平城噲時亦在其中今奈何以十萬眾橫行匈奴中今涼州天下要衝國家藩衛高祖初興使酈商別定隴右前書韓王賜酈商爵信成君以將軍為隴西都尉別定北地世宗拓境列置四郡議者以為斷匈奴右臂前書武帝分武威酒泉置張掖敦煌謂之四郡劉歆等議曰孝武帝北攘匈奴除昆邪十萬之眾置五屬國起朔方以奪其肥饒之地東伐朝鮮起玄菟樂浪以斷匈奴之左臂西伐大宛并六國結烏孫起敦煌酒泉張掖以高婼羌裂匈奴之右臂婼音而遮反今牧御失和使一州叛逆海內為之騷動陛下臥不安寢烈為宰相不念為國思所以弭之之策乃欲割棄一方萬里之土臣竊惑之若使左衽之虜得居此地說文曰衽衣衿也士勁甲堅因以為亂此天下之至慮社稷之深憂也若烈不知之是極蔽也知而故言

是不忠也帝從燮議由是朝廷重其方格方正也格猶標準也每公卿有缺爲衆議所歸頃之趙忠爲車騎將軍詔忠論討黃巾之功執金吾甄舉等謂忠曰傅南容前在東軍有功不侯故天下失望今將軍親當重任宜進賢理屈㠯副衆心忠納其言遣弟城門校尉延致殷勤延謂燮曰南容少荅我常侍萬戸侯不足得也燮正色拒之曰遇與不遇命也有功不論時也傅燮豈求私賞哉忠愈懷恨然憚其名不敢害權貴亦多疾之是㠯不得留一作封出爲漢陽太守初郡將范津明知人舉燮孝廉及津爲漢陽與燮交代合符而去鄉邦榮之津字文淵南陽人燮善卹人叛羌懷其恩化並未降附乃廣開屯田列置四十餘營時刺史耿鄙委任治中程球球爲通姦利士人怨之漢官曰司隸功曹從事即治中也中平四年鄙率六郡兵討金城賊王國韓遂等燮知鄙失衆必敗諫曰使君統政日淺人未知教孔子曰不

教人戰，是謂棄之。今率不習之人，越大隴之阻，將十舉十危。而賊聞大將軍至，必萬人一心。邊兵多勇，其鋒難當，而新合之衆，上下未和，萬一內變，雖悔無及。不若息軍養德，明賞必罰。賊得寬挺（挺，解也），必謂我怯，羣惡爭埶，其離可必。然後率已教之人，討成擒之賊，其功可坐而待也。今不爲萬全之福，而就必危之禍，竊爲使君不取。鄙不從。行至狄道，果有反者，先殺程球，次害鄙，賊遂進圍漢陽城。城中兵少糧盡，燮猶固守。時北胡騎數千隨賊攻郡，皆夙懷燮恩，共於城外叩頭，求送燮歸鄉里。子幹年十三，從在官舍。知燮性剛，有高義，恐不能屈志以免，進諫曰：國家昏亂，遂令大人不容於朝。今天下已叛，而兵不足自守。鄉里羌胡（燮，北地人，故云鄉里也）先佩恩德，欲令棄郡而歸，願必許之。徐至鄉里，率厲義徒，見有道而輔之，以濟天下。言未終，燮慨然而歎，呼幹小字曰：別成（幹集曰：幹字彥林），汝知吾必死邪？蓋聖達節次守節左傳曰曹公子臧曰前志有之聖達節次守節下失節且殷紂之暴伯夷不食周粟而死仲尼稱其賢史記曰伯夷孤竹君之子也武王載文王木主伐紂殷既平伯夷恥之義不食周粟遂餓死論語子貢問曰伯夷叔齊何人也孔子曰古之賢人也今朝廷不甚殷紂吾德亦豈絕伯夷世亂不能養浩然之志孟子曰養吾浩然之氣趙岐注曰浩然天氣也食祿又欲避其難乎左傳曰子路曰食焉不避其難也吾行何之必死於此汝有才智勉之主簿楊會吾之程嬰也程嬰解見馮衍傳幹哽咽不能復言左右皆泣下王國使故酒泉太守黃衍說爕曰成敗之事已可知矣先起上有霸王之業下成伊呂之勳天下非復漢有府君盍有意爲吾屬師乎師卽君也尚書曰作之君作之師也爕按劍叱衍曰若剖符之臣反爲賊說邪遂麾左右進兵臨陣戰歿謚曰壯節侯幹知名位至扶風太守

蓋勳字元固敦煌廣至人也廣至縣名故城在今瓜州常樂縣東今謂之縣泉堡是也家世二千石續漢書曰曾祖父進漢陽太守祖父彪大司農謝承書曰父字思齊官至安定屬國都尉初舉孝廉爲漢陽長史時武威太守倚恃

權埶恣行貪橫從事武都蘇正和案致其罪涼州刺史梁鵠畏懼貴戚欲殺正和以免其負乃訪之於勳勳素與正和有仇或勸勳可因此報隙勳曰不可謀事殺良非忠也乘人之危非仁也乃諫鵠曰夫紲食鷹鳶欲其鷙紲繫也廣雅曰鷙執也蒼頡解詁曰鳶鴟也食音嗣鷙而亨之將何用哉鵠從其言正和喜於得免而詣勳求謝勳不見曰吾爲梁使君謀不爲蘇正和也怨之如初續漢書中平元年黃巾賊起故武威太守酒泉黃雋被徵失期梁鵠欲奏誅雋勳爲言得免雋以黃金二十斤謝勳勳謂雋曰吾以子罪在八議故爲子言吾豈賣評哉終辭不受中平元年北地羌胡與邊章等寇亂隴右刺史左昌因軍興斷盜數千萬斷謂割絕勳固諫昌怒乃使勳別屯阿陽以拒賊鋒阿陽縣屬天水郡欲因軍事罪之而勳數有戰功邊章等遂攻金城殺郡守陳懿勳勸昌救之不從邊章等進圍昌於冀昌懼而召勳勳初與從事辛曾孔常俱屯河陽及昌檄到曾等疑不肯赴勳怒曰昔莊賈後期穰苴奮劍齊景公時燕晉侵齊景公以司馬穰苴爲將扞之仍令寵臣莊賈監軍與穰苴期旦日會賈素驕貴夕時至穰苴召

軍正問曰軍法期而後者云何對曰當斬遂斬賈以徇三軍今之從事豈重於古之監軍哉曾等懼而從之勳即率兵救昌到乃誚讓章等責以背叛之罪皆曰左使君若早從君言以兵臨我庶可自改今罪已重不得降也乃解圍而去昌坐斷盜徵以扶風宋梟代之續漢書梟字作泉也梟患多寇叛謂勳曰涼州寡於學術故屢致反暴今欲多寫孝經令家家習之庶或使人知義勳諫曰昔太公封齊崔杼殺君伯禽侯魯慶父簒位崔杼齊大夫齊莊公先通其妻杼殺之慶父魯莊公弟莊公子閔立是爲湣公慶父襲殺湣公並見史記此二國豈乏學者今不急靜難之術遽爲非常之事既足結怨一州又當取笑朝廷勳不知其可也梟不從遂奏行之果被詔書詰責坐以虛慢徵時叛羌圍護羌校尉夏育於畜官前書尹翁歸傳曰有論罪輸掌畜官音義曰右扶風畜牧所在有苑師之屬故曰畜官畜音許救反勳與州郡合兵救育至狐槃爲羌所破勳收餘衆百餘人爲魚麗之陳麗音離左傳曰王以諸侯伐鄭鄭原繁高渠彌奉公爲魚麗之陳先偏後伍伍承彌縫杜預注曰此魚麗陳法也羌精騎夾攻之急士卒多死勳被三創堅不

勳乃指木表表標也曰必尸我於此句就種羌滇吾句就羌別種也句音古侯反素爲勳所厚乃以兵扞衆曰蓋長史賢人汝曹殺之者爲負天勳仰罵曰死反虜汝何知足來殺我衆相視而驚滇吾下馬與勳勳不肯上遂爲賊所執羌戎服其義勇不敢加害送還漢陽後刺史楊雍即表勳領漢陽太守時人飢相漁食勳調穀稟之調猶發也先出家糧以率衆存活者千餘人後去官徵拜討虜校尉靈帝召見問天下何苦而反亂如此勳曰倖臣子弟擾之時宦者上軍校尉蹇碩在坐帝顧問碩碩懼不知所對而以此恨勳帝又謂勳曰吾已陳師於平樂觀多出中藏財物以餌士何如中藏謂內藏也勳曰臣聞先王曜德不觀兵國語曰穆王將征犬戎祭公謀父諫曰不可先王曜德不觀兵韋昭注曰曜明也觀示也今寇在遠而設近陳不足昭果毅祇黷武耳左傳曰戎昭果毅以聽之之謂武殺敵爲果致果曰毅也帝曰善恨見君晚群臣初無是言也勳時與宗正劉虞佐軍校尉袁紹同典禁兵勳謂虞紹曰吾仍見

上甚聰明但擁蔽於左右耳若其併力誅嬖倖然後徵拔英俊以興漢室功遂身退豈不快乎虞紹亦素有謀因相連結未及發而司隸校尉張溫舉勳爲京兆尹帝方欲延接勳而蹇碩等心憚之並勸從溫奏遂拜京兆尹時長安令楊黨父爲中常侍倚勢貪放勳案得其臧千餘萬貴戚咸爲之請勳不聽具以事聞幷連黨父有詔窮案威震京師時小黃門京兆高望爲尚藥監倖於皇太子太子因蹇碩屬望子進爲孝廉勳不肯用或曰皇太子副主望其所愛碩帝之寵臣而子違之所謂三怨成府者也（府聚也）勳曰選賢所以報國也非賢不舉死亦何悔勳雖在外每軍國密事帝常手詔問之（續漢書曰是時漢陽叛人王國衆十餘萬攻陳倉三輔震動勳領部兵五千人自請滿萬人因表用處士扶風孫瑞爲鷹鷂都尉桂陽魏傑爲破敵都尉京兆杜楷爲威虜都尉弘農楊儒爲鳥擊都尉長陵第五儁爲淸寇都尉凡五都尉皆素有名悉領屬勳每有密事靈帝以手詔問之）數加賞賜甚見親信在朝臣右及帝崩董卓廢少帝殺何太后勳與書曰昔伊尹霍光權以

立功猶可寒心足下小醜何㠯終此賀者在門弔者在廬可不慎哉孫卿子曰慶者在堂弔者在閭福與禍鄰莫知其門也卓得書意甚憚之徵爲議郎時左將軍皇甫嵩精兵三萬屯扶風勳密相要結將㠯討卓會嵩亦被徵勳㠯衆弱不能獨立遂並還京師自公卿㠯下莫不卑下於卓唯勳長揖爭禮見者皆爲失色卓問司徒王允曰欲得快司隸校尉誰可作者允曰唯有蓋京兆耳卓曰此人明智有餘然不可假㠯雄職乃㠯爲越騎校尉卓又不欲令久典禁兵復出爲潁川太守未及至郡徵還京師時河南尹朱儁爲卓陳軍事卓折儁曰我百戰百勝決之於心卿勿妄說且汙我刀勳曰昔武丁之明猶求箴諫武丁殷王高宗也謂傳說曰啓乃心沃朕心說上于王曰惟木從繩則正后從諫則聖見尚書況如卿者而欲杜人之口乎卓曰戲之耳勳曰不聞怒言可㠯爲戲卓乃謝儁勳雖強直不屈而內厭於卓不得意疽發背卒時年五十一遺令勿受卓賻贈卓欲外示寬

容表賜東園祕器賵襚送之如禮葬於安陵子順官至永陽太守

臧洪字子源廣陵射陽人也射陽故城在今楚州安宜縣東也父旻有幹事才謝承書曰旻達於從政爲漢長吏遷匈奴中郎將還京師太尉袁逢問其西域諸國土地風俗人物種數旻具答言西域本三十六家後分爲五十五稍散至百餘國大小道里遠近人數多少風俗燥溼山川草木鳥獸異物名種不與中國同者口陳其狀手畫地形逢奇其才歎息言雖班固作西域傳何以加此乎熹平元年會稽妖賊許昭起兵句章句章縣故城在今越州鄮縣西十三州志云句踐之地南至勾章其後併吳因大城之章伯功以示子孫故曰句章自稱大將軍立其父生爲越王攻破城邑眾以萬數拜旻揚州刺史旻率丹陽太守陳寅擊昭破之昭遂復更屯結大爲人患旻等進兵連戰三年破平之獲昭父子斬首數千級遷旻爲使匈奴中郎將洪年十五以父功拜童子郎漢法孝廉試經者拜爲郎洪以年幼才俊故拜童子郎也續漢書曰左雄奏徵海內名儒爲博士使公卿子弟爲諸生有志操者加其奉祿及汝南謝廉河南趙建章年始十二各能通經雄並奏拜童子郎於是負書來學雲集京師也知名太學洪體貌魁梧有異姿魁梧壯大之貌也梧音吾舉孝廉補即丘長即丘縣屬琅邪也故城在今沂州臨沂縣東南即春秋之祝丘也中平末棄官還家太守張超請爲功曹時董卓弒帝圖危社稷洪說超曰明府歷世受恩兄

弟並據大郡謂超爲廣陵兄邈爲陳留也今王室將危賊臣虎視此誠義士效命之秋也今郡境尚全吏人殷富若動桴鼓可得萬人以此誅除國賊爲天下唱義不亦宜乎超然其言與洪西至陳留見兄邈計事邈先謂超曰聞弟爲郡委政臧洪洪者何如人超曰臧洪海內奇士才略智數不比於超矣邈即引洪與語大異之乃使詣兗州刺史劉岱岱字公山豫州刺史孔伷伷字公緒遂皆相善邈既先有謀約會超至定議乃與諸牧守大會酸棗設壇場將盟既而更相辭讓莫敢先登咸共推洪洪乃攝衣升壇操血而盟曰漢室不幸皇綱失統賊臣董卓乘釁縱害禍加至尊毒流百姓大懼淪喪社稷翦覆四海兗州刺史岱豫州刺史伷陳留太守邈東郡太守瑁橋瑁也廣陵太守超等糾合義兵並赴國難糾收也凡我同盟齊心一力以致臣節隕首喪元必無二志有渝此盟俾墜其命無克遺育左傳曰王子虎盟諸侯于王庭要言曰皆獎王室無相害也有

渝此盟明神殛之俾墜其師無克祚國也皇天后土祖宗明靈實皆鑒之洪辭氣慷慨聞其言者無不激揚自是之後諸軍各懷遲疑莫適先進遂使糧儲單竭兵衆乖散時討虜校尉公孫瓚與大司馬劉虞有隙超乃遣洪詣虞共謀其難行至河間而值幽冀交兵行塗阻絶因寓於袁紹紹見洪甚奇之與結友好以洪領青州刺史前刺史焦和好立虛譽能清談時黃巾群盜處處飈起而青部殷實軍革尚衆和欲與諸同盟西赴京師未及得行而賊已屠城邑和不理戎警但坐列巫史禜禱羣神巫女巫也史祝史也禜謂營攢用幣以禳風雨霜雪水旱厲疫於日月星辰山川也禱謂告事求福也又恐賊乘凍而過命多作陷冰丸以投于河衆遂潰散和亦病卒洪收撫離叛百姓復安任事二年袁紹憚其能徙爲東郡太守都東武陽時曹操圍張超於雍丘甚危急超謂軍吏曰今日之事唯有臧洪必來救我或曰袁曹方穆而洪爲紹所用恐不能敗好遠來違福取禍超曰

子源天下義士終非背本者也或見制彊力不相及耳洪始聞超圍乃徒跣號泣並勒所領將赴其難自以衆弱從紹請兵而紹竟不聽之超城遂陷張氏族滅洪由是怨紹絕不與通紹興兵圍之歷年不下使洪邑人陳琳以書譬洪示其禍福責以恩義獻帝春秋曰紹使琳為書八條責以恩義告喻使降也洪荅曰隔闊相思發於寤寐相去步武爾雅曰武迹也而趨舍異規其為愴恨胡可勝言前日不遺比辱雅況比類也述敘禍福公私切至以子之才窮該典籍豈將闇於大道不達余趣哉是以損棄翰墨一無所酬亦冀遥忖褊心粗識鄙性重獲來命援引紛紜雖欲無對而義篤其言僕小人也本乏志用中因行役特蒙傾蓋家語孔子之郯與程子相遇於途傾蓋而語也恩深分厚遂竊大州寵樂今日自還接刃乎每登城臨兵覩主人之旗鼓洪常寓於紹故謂之主人也瞻望帳幄感故友之周旋撫弦搦矢搦捉也音女卓反不覺涕流之覆面也何者自以輔佐主人無以為悔主人

相接過絕等倫受任之初志同大事掃清寇逆共尊王室豈悟本州被侵郡將遘厄請師見拒辭行被拘使洪故君遂至淪滅區區微節無所獲申豈得復全交友之道重虧忠孝之名乎所以忍悲揮戈收淚告絕若使主人少垂古人忠恕之情來者側席去者克已（求者側席而待之去者克已自責不責人也）則僕抗季札之志不爲今日之戰矣（吳王餘昧卒欲授弟季札季札逃去見史記）

昔張景明登壇喢血奉辭奔走卒使韓馥讓印主人得地後（英雄記云袁紹使張景明郭公則高元才等說韓馥使讓冀州與紹然則馥之讓位景明亦有其功其餘未詳也）但以拜章朝主賜爵獲傳之故不蒙觀過之貸而受夷滅之禍

呂奉先討卓來奔請兵不獲告去何罪復見斫刺（魏志呂布傳曰布破張燕軍而求益兵衆將士鈔掠紹患忌之布覺其意從紹求去英雄記布求還洛紹假布領司隸校尉外言當遣內欲殺布明日當發紹遣甲士三十人辭以送布止於帳側布僞使人於帳中鼓箏紹兵臥亡何出帳去而兵不覺夜半兵起亂斫布牀被謂已死明日紹訊問知布尚在乃閉城門布遂引去）

劉子璜奉使踰時辭不獲命畏君懷親以詐求歸可謂有志忠孝無損霸道亦復僵尸麾下不蒙虧除慕進者蒙榮違意者被戮此

乃主人之利非遊士之願也是以鑒戒前人守死窮城亦以君子之違不適敵國故也左傳云公山不狃曰君子違不適仇國杜預注曰違奔亡也足下當見久圍不解救兵未至感婚姻之義推平生之好以爲屈節而苟生勝守義而傾覆也昔晏嬰不降志於白刃南史不曲筆以求存崔杼殺齊莊公欲劫晏子與盟以戟拘其頸劍承其心晏子曰劫吾以刃而失其意非勇也崔杼遂釋之事見晏子左傳曰太史書曰崔杼弒其君崔子殺之其弟嗣書而死者二人其弟又書乃舍之南史氏聞太史盡死執簡以往聞旣書矣乃還也故身傳圖象名垂後世況僕據金城之固驅士人之力散三年之畜以爲一年之資匡困補乏以悅天下何圖築室反耕哉左傳曰楚子圍宋築室反耕杜預注曰築室於宋反兵耕田示無還意也但懼秋風揚塵伯珪馬首南向伯珪公孫瓚字張揚飛燕旅力作難魏志曰張揚字稚叔雲中人也以武勇給并州爲從事何進令於本州募兵得千餘人因留上黨擊山賊進敗揚遂以所將兵攻上黨仍略諸縣衆至數千又與袁紹合張燕常山人本姓褚黃巾起燕合聚少年爲羣盜衆萬人博陵張牛角亦起衆攻癭陶牛角爲飛矢所中且死告其衆曰必以燕爲帥角死衆奉燕故改姓張燕慓悍捷速過人軍中號爲飛燕衆至百萬號曰黑山後助公孫瓚與紹爭冀州也北鄙將告倒懸之急股肱奏乞歸之記耳股肱猶手足也言北邊有倉卒之急股肱之臣將告歸自救耳主人當鑒戒曹輩反旌退師何宜久辱盛怒暴威

於吾城之下哉足下譏吾恃黑山以爲救獨不念黃巾之合從邪昔高祖取彭城於鉅野前書彭越將其衆居鉅野中無所屬漢王乃使人賜越將軍印使下濟陰以擊楚也光武創基兆於綠林卒能龍飛受命中興帝業苟可輔主興化夫何嫌哉況僕親奉璽書與之從事行矣孔璋足下徼利於境外臧洪投命於君親吾子託身於盟主盟主謂袁紹也臧洪策名於長安子謂余身死而名滅僕亦笑子生死而無聞焉本同末離努力努力夫復何言紹見洪書知無降意增兵急攻城中糧盡外無援救洪自度不免呼吏士謂曰袁紹無道所圖不軌且不救洪郡將洪於大義不得不死念諸軍無事空與此禍與音預可先城未破將妻子出將吏皆垂泣曰明府之於袁氏本無怨隙今爲郡將之故自致危困吏人何忍當捨明府去也初尚掘鼠煮筋角後無所復食主簿啓內厨米三斗請稍爲饘粥杜預注左傳曰饘糜也音之延反洪曰何能獨甘此邪使爲薄糜徧班士衆

又殺其愛妾以食兵將兵將咸流涕無能仰視男女七八千人相枕而死莫有離叛城陷生執洪紹盛帷幔大會諸將見洪謂曰臧洪何相負若是今日服未洪據地瞋目曰諸袁事漢四世五公可謂受恩今王室衰弱無扶翼之意而欲因際會觖望非冀前書音義曰觖猶冀也觖音羌恚反多殺忠良以立姦威洪親見將軍呼張陳留爲兄則洪府君亦宜爲弟而不能同心戮力爲國除害坐擁兵眾觀人屠滅惜洪力劣不能推刃爲天下報仇公羊傳曰事君猶事父也父受誅子復仇推刃之道何爲服乎紹本愛洪意欲屈服赦之見其辭切知終不爲用乃命殺焉洪邑人陳容少爲諸生親慕於洪隨爲東郡丞先城未敗洪使歸紹時容在坐見洪當死起謂紹曰將軍舉大義欲爲天下除暴而專先誅忠義豈合天意臧洪發舉爲郡將奈何殺之紹慙使人牽出謂曰汝非臧洪疇空復爾爲容顧曰夫仁義豈有常所蹈之則爲君子背之則

爲小人今日寧與臧洪同日死不與將軍同日生也遂復見殺在
紹坐者無不歎息竊相謂曰如何一日戮二烈士先是洪遣司馬
二人出求救於呂布比還城已陷皆赴敵死
論曰雍丘之圍臧洪之感憤壯矣想其行跣且號束甲請舉誠足
憐也夫豪雄之所趣舍其與守義之心異乎若乃締謀連衡懷詐
算以相尙者蓋惟利埶所在而已況偏城旣危曹袁方穆洪徒指
外敵之衡以紓倒縣之會忿悁之師兵家所忌前書魏相上書曰救亂誅暴謂之義兵兵義者王敵加於己不得已而起者謂之應兵兵應者勝爭恨小故不勝憤怒者謂之忿兵兵忿者敗利人土地貨寶者謂之貪兵兵貪者破恃國家之大矜其人衆故見威於敵者謂之驕兵兵驕者威此非但人事乃天道也可謂懷哭秦之節存荆則未聞也吳破楚申包胥如秦乞師立依於庭牆而哭日夜不絕聲勺飲不入口七日秦師乃出以車五百乘救楚敗吳兵於稷事見左傳及史記言臧洪徒守節致死不能如包胥之存楚也
贊曰先零擾疆鄧崔棄涼詡燮令圖再全金方蓋勳抗董終然允
剛洪懷偏節力屈志揚

虞傅臧蓋列傳第四十八

後漢書五十九

唐章懷太子賢注

張衡傳第四十九

張衡字平子南陽西鄂人也西鄂縣故城在今鄧州向城縣南有平子墓及碑在焉崔瑗之文也世爲著姓祖父堪蜀郡太守衡少善屬文游於三輔因入京師觀太學遂通五經貫六藝雖才高於世而無驕尚之情常從容淡靜不好交接俗人永元中舉孝廉不行連辟公府不就時天下承平日久自王侯已下莫不踰侈衡乃擬班固兩都作二京賦因以諷諫精思傅會十年乃成文多故不載大將軍鄧騭奇其才累召不應衡善機巧尤致思於天文陰陽歷算常耽好玄經桓譚新論曰揚雄作玄書以爲玄者天也道也言聖賢制法作事皆引天道以爲本統而因附續萬類王政人事法度故宓羲氏謂之易老子謂之道孔子謂之元而揚雄謂之玄玄經三篇以紀天地人之道立三體有上中下如禹貢之陳三品三三而九因以九九八十一故爲八十一卦以四爲數數從一至四重累變易竟八十一而偏不可損益以三十五蓍揲之玄經五千餘言而傳十二篇也謂崔瑗曰吾觀太玄方知子雲妙極道數乃與五經相擬非徒傳記之屬使人難論陰陽之事

漢家得天下二百歲之書也子雲當哀帝時著太玄經自漢初至哀帝二百歲也復二百歲殆將終乎自中興至獻帝百八十九年也所㠯作者之數必顯一世常然之符也漢四百歲玄其興矣自此已上並衡與崔瑗書之文也安帝雅聞衡善術學公車特徵拜郎中再遷爲太史令漢官儀太史令屬太常秩六百石也遂乃研覈陰陽妙盡璇機之正作渾天儀著靈憲算罔論言甚詳明漢名臣奏曰蔡邕曰言天體者有三家一曰周髀二曰宣夜三曰渾天宣夜之學絶無師法周髀術數具存考驗天狀多所違失故史官不用唯渾天者近得其情今史官所用候臺銅儀則其法也靈憲序曰昔在先王將步天路用定靈軌尋緒本元先準之于渾體是爲正儀故靈憲作興衡集無算罔論蓋網絡天地而算之因名焉順帝初再轉復爲太史令衡不慕當世所居之官輒積年不徙自去史職五載復還乃設客問作應閒㠯見其志云閒非也衡集云觀者觀余去史官五載而復還非進取之勢也唯衡內識利鈍操心不改或不我知者以爲失志矣用爲閒余余應之以時有遇否性命難求因茲以露余誠焉故名之應閒云有閒余者曰蓋聞前哲首務務於下學上達佐國理民有云爲也論語曰孔子曰下學而上達注云下學人事上知天命也朝有所聞則夕行之立功立事式昭德音尚書曰立功立事可以永年逸詩曰祈昭之愔愔式昭德音式用也昭明也是故伊尹思使君爲堯舜而民處唐虞彼豈虛言而已哉

必旌厥素爾尚書伊尹曰予弗克俾厥后惟堯舜其心愧恥若撻于市旌明也素猶志也咎單巫咸寔守王家咎單巫咸並殷賢臣也尚書曰咎單作明居又曰巫咸保乂王家也申伯樊仲實幹周邦服袞而朝介圭作瑞申伯申國之伯也樊仲仲山甫也爲樊侯並周宣王之卿士詩大雅曰維申及甫維周之翰注翰幹也服袞謂申伯爲冢宰服袞冕之服也又曰錫爾介圭以作爾寶注云寶瑞也圭長尺二寸謂之介也厥跡不朽垂烈後昆不亦丕歟且學非㠯要利而富貴萃之貴㠯行令富㠯施惠惠施令行故易稱㠯大業易繫辭曰盛德大業至矣哉富有之謂大業日新之謂盛德也質㠯文美實由華興器賴彫飾爲好人㠯輿服爲榮吾子性德體道篤信安仁約己博藝無堅不鑽㠯思世路斯何遠矣論語曰篤信好學又曰仁者安仁又曰鑽之彌堅博我以文約我以禮曩滯日官今又原之日官史官也左傳曰天子有日官爾雅曰原再也雖老氏曲全進道若退然行亦㠯需老子曰曲則全枉則直又曰夷道若類進道若退易雜卦曰需不進也必也學非所用術有所仰故臨川將濟而舟檝不存焉徒經思天衡內昭獨智固合理民之式也故嘗見諭于鄙儒天衡天道也言徒銳思作靈憲渾天儀等也深厲淺揭隨時爲義曾何貪於支離而習其孤技邪揭褰衣也音上厲反詩邶風曰深則厲淺則揭爾雅曰由帶以上爲厲由膝以

下爲揭言遭時制宜遇深水則厲淺則揭也易隨卦曰隨時之義大矣哉莊子曰朱泙曼學屠龍於支離益單千金之家三年技成而無所用技音渠綺反責衡何獨妙思於機巧者也參音三輪可使自轉木雕猶能獨飛已垂翅而還故棲盍亦調其機而銛諸重翅故棲謂再爲史官也盍何不也銛利也諸之也閒者言衡作三輪木雕尚能飛轉已乃垂翅故棲何不調其機關使利而高飛邪傅子曰張衡能令三輪獨轉也昔有文王自求多福詩大雅文王篇曰永言配命自求多福也人生在勤不索何獲左傳曰人生在勤勤則不匱又曰不索何獲吾欲求之曷若卑體屈己美言以相尅尅勝也衡集作美言以市也鳴于喬木乃金聲而玉振之詩小雅曰伐木丁丁鳥鳴嚶嚶出自幽谷遷于喬木喻求仕遷于高位振揚德音如金玉之聲孟子曰金聲而玉振之用後勳雩前吝婞佷不柔以意誰靳也吝恥也左傳曰宋公靳之杜預注云戲而相愧曰靳應之曰是何觀同而見異也君子不患位之不尊而患德之不崇不恥祿之不夥而恥智之不博方言曰凡物盛而多齊宋之郊謂之夥音和果反是故藝可學而行可力也天爵高懸得之在命孟子曰仁義忠信樂善不倦此天爵也公卿大夫此人爵也案此謂天子高懸爵位得者在命也或不速而自懷或羨旃而不臻速召也懷來也旃之也求之無益故智者面而不思面偝也阽身以徼幸固貪夫之所爲未得而豫喪也阽危也枉尺直尋議者譏之盈欲虧志孰云

非羞孟子陳代問孟子曰枉尺而直尋若可爲也孟子曰昔齊景公田招虞人以旌不至將殺之志士不忘在溝壑如不待招而往何哉且夫枉尺而直尋者以利言也如以利則枉尋直尺而利亦可爲歟趙岐注云志士守義者也君子固窮故虞人不得其招尙不往如何君子不其招而爰見也尺小尋大不可枉大就小而以要利也於心有猜待則簞飱餼餔猶不屑餐旌瞀㠯之猜嫌也簞食器也飱音孫詩云有饛簋飱餼仕卷反餔補故反並謂食也屑猶介也以用也爰旌瞀餓人也一作爰精目列子曰東方有人焉曰爰精目將有適也而餓於道狐丘父之盜曰丘見而下壺飱以餔之爰精目三餔而後能視曰子何爲者也我狐父之人丘也爰精目曰譆汝非盜邪吾義不食子之食也兩手據地而歐之不出喀喀而死之也意之無疑則兼金盈百而不嫌辭孟軻㠯之孟子陳臻問曰前日於齊王餽兼金一百而不受于宋餽七十鎰而受前日之不受是則今日受之非也孟之曰皆是也當在宋也予將遠行遠行者必以贐予何爲不受若於齊則未有處也無處而餽之是貨之也焉有君子而可以貨取乎趙岐注云兼金好金也價兼倍於惡者故曰兼金一百百鎰也二十兩爲鎰贐送行者贈賄之禮也在齊時無事于義未有所處也義無所處而餽之是以貨賄所取我欲使我懷惠也士或解裋褐而襲黼黻或委臿築而據文軒者度德拜爵量績受祿也解裋褐謂窮戚也委臿築謂傅說也裋音常主反方言也自關而西謂襜褕短者謂之裋也輸力致庸受必有階受或作爰渾元初基靈軌未紀吉凶紛錯人用朣朦朣朦言未晤也黃帝爲斯深慘有風后者是焉亮之察三辰於上跡禍福乎下經緯歷數然後天步有常則風后之爲也史記曰黃帝迎日推策舉風后力牧以理人順天地之紀幽明之占又曰旁羅日月星辰春秋

內事也黃帝師於風后風后善於伏羲氏之道推演陰陽之事埶文志陰陽流有風后十三篇也當少昊清陽之末實或亂德人神雜擾不可方物重黎又相顓頊而申理之日月卽次則重黎之爲也帝王紀曰少昊字清陽國語楚觀射父曰少皞之衰也九黎亂德人神雜揉不可方物顓頊承之乃命南正重司天以屬神命火正黎司地以屬人重少昊氏之子黎顓頊氏之子人各有能因埶受任鳥師別名四叔三正官無二業事不並濟左傳郯子曰少皞鳥師而鳥名鳳鳥氏歷正也玄鳥氏司分也伯趙氏司至也靑鳥氏司啓也丹鳥氏司閉也又晉蔡墨曰少皞氏有四叔曰重曰該曰修曰熙實能金木及水使重爲句芒該爲蓐收修及熙爲玄冥四叔分主三正言其不兼業也晝長則宵短日南則景北夏至日北極而影短晝六十刻夜四十刻冬至日南極而影長夜六十刻晝四十刻也易通卦驗曰冬至晷長丈三尺夏至晷長尺五寸謂立八尺表之陰也天且不堪兼況以人該之該補也夫玄龍迎夏則陵雲而奮鱗樂時也涉冬則淈泥而潛蟠避害也說文曰龍鱗蟲之長能幽能明能小能巨能短能長春分而登天秋分而入川言出入有時也賈逵注國語曰淈亂也淈音骨公旦道行故制典禮以尹天下懼教誨之不從有人之不理尹正也道行言道得申也流俗本作行道者非也仲尼不遇故論六經以俟來辟辟君也公羊傳曰孔子制春秋以俟後聖也恥一物之不知有事之無範所考不齊如何可一衡集考字作丁丁當也夫戰國交爭戎車競驅君若綴旒人無所

麗麗附也公羊傳曰君若贅旒然旒旂旒也言爲下所執持西東也燭武縋而秦伯退師燭之武鄭大夫也縋縣繩於城而下也左傳曰秦伯圍鄭鄭伯使燭之武夜縋而出說秦秦伯爲之退師魯連係箭而聊城弛柝魯仲連齊人也時燕將守聊城仲連爲書係箭射聊城中燕將自殺見史記弛廢也柝行夜木也從往則合橫來則離安危無常要在說夫張儀說諸侯連和事秦爲橫蘇秦說諸侯連兵拒秦爲從蘇秦往則從合張儀來則從離咸㠯得人爲梟失士爲尤梟猶勝也猶六博得梟爲勝故樊噲披帷入見高祖前書曰樊噲沛人也封舞陽侯高帝常病惡見人臥禁中詔戶者無得入噲乃排闥直入流涕曰獨不見趙高之事乎帝笑而起也高祖踞洗㠯對酈生前書曰沛公方踞牀令兩女子洗足而見酈食其食其曰必欲聚徒合義兵誅無道不宜踞見長者於是沛公輟洗謝之當此之會乃鼃鳴而鼃應也喻君臣相感也焦贛易林曰鼃鳴岐野鼃應於泉也故能同心戮力勤恤人隱隱病也國語曰勤恤人隱而除其害也奄受區夏遂定帝位皆謀臣之由也故一介之策各有攸建子長諜之爛然有第前書音義曰諜譜第也與牒通司馬遷字子長作史記著功臣等傳粲然各有第序也夫女魃北而應龍翔洪鼎聲而軍容息女魃旱神也北猶退也應龍能興雲雨者也山海曰曰蚩尤作兵伐黃帝黃帝乃令應龍攻之冀州之野應龍蓄水蚩尤請風伯雨師從大風雨黃帝乃下天女曰妭雨止遂殺蚩尤妭不得復上所居不雨妭亦魃也音步末反聲或作罄容或作客衡集容作害並未詳也溽暑至而鶉火棲寒冰沍而鼃黽蟄棲息也禮記月令曰季夏土潤溽暑鶉火午之宿也三月在午六月在酉言當季夏之時鶉火退於

酉沍凝也今也皇澤宣洽海外混同萬方億醜并質共劑若修成之不暇尙何功之可立質猶今分支契也并其猶言交通也周禮曰凡賣買者質劑焉大市以質小市以劑鄭玄注云兩書一札同而別之長曰質短曰劑劑音子隨反立事有三言爲下列下列且不可庶矣奚冀其二哉左傳魯叔孫豹曰太上有立德其次有立功其次有立言杜預注云立德黃帝堯舜也立功禹稷也立言史佚周任臧文仲于茲縉紳如雲儒士成林及津者風摅失塗者幽僻遭遇難要趨偶爲幸世易俗異事勢舛殊不能通其變而一度以揆之易繫辭曰通其變使人不倦也斯契船而求劍守株而伺兔也契猶刻也呂氏春秋曰楚人有涉江者其劍自舟中墜於水遽契其舟曰是吾劍所從墜也舟已行而劍不行若此求劍不亦惑乎韓子曰宋人有耕者田中有株兔走觸之折頸而死因釋耕守株冀復得兔爲宋國笑也冒愧逞願必無仁以繼之有道者所不履也越王句踐事此故厥緒不永史記曰越王句踐先吳興師吳王聞之悉發精兵擊越敗之於夫椒越王乃以餘兵五千人保棲於會稽此爲冒愧逞願自取敗也捷徑邪至我不忍以投步干進苟容我不忍以歙肩捷疾也歙斂也音翕孟子曰阿意事貴脅肩所尊俗之情也歙亦脅也雖有犀舟勁檝猶人涉卬否有須者也前書曰羌戎弓矛之兵器不犀利音義曰今俗謂刀兵利爲犀犀堅也詩衛風曰招招舟子人涉卬否人涉卬否卬須我友卬我也須待也鄭玄注云人皆涉我友未至我獨待而不涉言室家之道非得所適貞女不行非得禮義婚姻不成喻仕當

以道不求妄進也姑亦奉順敦篤守㠯忠信得之不休不獲不吝姑且也休美也吝恥也不見是而不惛居下位而不憂允上德之常服焉惛猶悶也易曰不見是而無悶樂則行之憂則違之又曰居上位而不驕在下位而不憂也方將師天老而友地典與之乎高睨而大談孔甲且不足慕焉稱殷彭及周聃帝王紀曰黃帝以風后配上台天老配中台五聖配下台謂之三公其餘知天規紀地典力牧常先封胡孔甲等或以爲師或以爲將藝文志陰陽有地典六篇殷彭即老彭殷賢人也睨視也高視大談言不同流俗衡集作矢談矢亦直也義亦通也與世殊技固孤是求技巧也音枝本或作拔誤也子憂朱泙曼之無所用吾恨輪扁之無所教也輪扁爲輪者名扁也扁音技殄反莊子曰輪扁對齊桓公曰斲輪之法徐則甘而不固疾則苦而不入不疾不徐得之於手而應之於心口不能言也臣不能以喻臣之子臣子亦不能受之於臣言泙曼屠龍既無所用輪扁斲輪亦不能教人也泙音匹萌反子覩木雕獨飛愍我垂翅故棲吾感鼁鼃附鴟悲爾先笑而後號也鼃蝦蟇也音胡媧反周易旅卦上九曰先笑而後號咷斐豹㠯斃督燔書禮至㠯掖國作銘左傳曰晉欒盈復入於晉欒氏之力臣曰督戎國人懼之斐豹謂范宣子曰苟焚丹書我殺督戎宣子曰而殺之所不請於君焚丹書者有如日乃殺之杜預注曰斐豹犯罪沒爲官奴以丹書其罪左傳衞伐邢禮至與國子巡城掖以赴外殺之禮至自爲銘曰余掖殺國子莫余敢止國子邢正卿禮至本衞人仕邢爲大夫掖謂挾之而投于城外也衡集豹字作隸也弦高㠯牛餼退敵墨翟㠯縈帶全城左傳曰秦師襲鄭及滑鄭商人弦高將市於周遇之以牛十二犒師曰寡

君聞吾子將出於敝邑敢犒從者秦孟明曰鄭有備矣滅滑而還墨子曰公輸般爲雲梯以攻宋墨子解帶爲城以牒爲械公輸般九攻墨子九拒公輸之攻盡墨子之守有餘楚王曰善哉吾請無攻宋矣

貫高以端辭顯義蘇武以禿節效貞貫高趙相也端猶正也獨正言趙王不反高帝賢而赦之蘇武使匈奴中持節臥起節毛盡落並見前書

薄且以飛矰逞巧詹何以沈鉤致精列子曰蒲且子之弋弱弓纖繳乘風振之連雙鶬於青雲之際又曰詹何以獨繭絲爲綸芒針爲鉤荆篠爲竿剖粒爲餌引盈車之魚周禮曰矰矢用弋射鄭玄注云結繳於矢謂之矰矰高也

弈秋以棊局取譽王豹以清謳流聲弈圍局也棊即所執之子秋名也孟子曰弈秋通國之善弈者又曰王豹處于淇而河西善謳也

僕進不能參名於二立退又不能羣彼數子二立謂太上立德其次立功也上云立事有三言爲下列下列且不可庶況其二哉故言不能參名於二立之流也臣賢案古本作二立流俗本及衡集立字多作四非也數子謂斐豹以下也

慜三墳之旣穨惜八索之不理左傳曰楚左氏倚相能讀三墳五典八索九丘孔安國以爲三墳五典三皇之書八卦之說謂之八索此以下言不能立德立功唯欲立言而已

庶前訓之可鑽聊朝隱乎柱史前書東方朔曰首陽爲拙柱下爲工應劭曰老子爲周柱下史朝隱終身無患是爲上也

且韞櫝以待價踵顏氏以行止論語子貢曰有美玉於斯韞櫝而藏諸求善價而沽諸子曰我待價者也夫子謂顏回曰用之則行舍之則藏唯我與爾有是夫

曾不慊夫晉楚敢告誠於知己孟子曾子曰晉楚之富不可及也彼以其富吾以吾仁彼以其爵吾以吾義吾何慊也慊猶羨也音苦簟反

陽嘉元年復造候風地動儀以精銅鑄成圓徑八尺合蓋隆起形似

酒尊飾以篆文山龜鳥獸之形中有都柱傍行八道施關發機外有八龍首銜銅丸下有蟾蜍張口承之蟾蜍蝦蟇也蟾音時占反蜍音時諸反其牙機巧制皆隱在尊中覆蓋周密無際如有地動尊則振龍機發吐丸而蟾蜍銜之振聲激揚伺者因此覺知雖一龍發機而七首不動尋其方面乃知震之所在驗之以事合契若神自書典所記未之有也嘗一龍機發而地不覺動京師學者咸怪其無徵後數日驛至果地震隴西於是皆服其妙自此以後乃令史官記地動所從方起

時政事漸損權移於下衡因上疏陳事曰伏惟陛下宣哲克明繼體承天中遭傾覆龍德泥蟠傾覆謂順帝爲太子時廢爲濟陰王蟠音薄寒反廣雅曰蟠曲也揚雄方言曰未升天龍謂之蟠今乘雲高躋磐桓天位誠所謂將隆大位必先倥偬之也倥音口弄反偬音子弄反埤蒼曰倥偬窮困也亦謂順帝被廢時也親履艱難者知下情備經險易者達物僞左傳曰晉侯在外十九年矣險阻艱難備嘗之矣人之情僞盡知之矣故能一貫萬機靡所疑惑百揆允當庶績咸熙宜獲

福祉神祇受譽黎庶而陰陽未和災眚屢見神明幽遠宜鑒在玆福仁禍淫景響而應因德降休乘失致咎天道雖遠吉凶可見近世鄭蔡江樊周廣王聖皆爲效矣（事見宦者傳）故恭儉畏忌必蒙祉祚奢淫諂慢鮮不夷戮前事不忘後事之師也夫情勝其性流遯忘反（性者生之質情者性之欲性善情惡情勝則荒淫也）豈唯不肖中才皆然苟非大賢不能見得思義故積惡成釁罪不可解也向使能瞻前顧後援鏡自戒則何陷於凶患乎（楚辭曰瞻前而顧後兮援鏡自戒謂引前事以爲鏡而自戒勑也韓詩外傳曰明鏡所以照形往古所以知今）貴寵之臣衆所屬仰其有愆尤上下知之褒美譏惡有心皆同故怨讟溢乎四海神明降其禍辟也（辟罪也音頻亦反）頃年雨常不足思求所失則洪範所謂僭恒暘若者也（恒常也若順也孔安國注洪範云君行僭差則常暘順之常暘則多旱也）懼羣臣奢侈昬踰典式自下逼上用速咎徵又前年京師地震土裂（順帝永建三年正月京師地震也）裂者威分震者人擾也君以靜唱臣以動和威自上出不趣於下禮之政也

竊懼聖思厭倦制不專己恩不忍割與衆共威威不可分德不可共洪範曰臣有作威作福玉食害于而家凶于而國天鑒孔明雖疎不失災異示人前後數矣而未見所革以復往悔革改也復反也自非聖人不能無過願陛下思惟所以稽古率舊勿令刑德八柄不由天子周禮太宰以八柄詔王馭羣臣一曰爵二曰祿三曰予四曰置五曰生六曰奪七曰廢八曰誅若恩從上下事依禮制禮制修則奢僭息事合宜則無凶咎然後神望允塞災消不至矣初光武善讖及顯宗肅宗因祖述焉自中興之後儒者爭學圖緯兼復附以妖言衡以圖緯虛妄非聖人之法乃上疏曰臣聞聖人明審律歷以定吉凶重之以卜筮雜之以九宮易乾鑿度曰太一取其數以行九宮鄭玄注云太一者北辰神明也下行八卦之宫每四乃還於中央中央者北神之所居故謂之九宮天數大分以陽出以陰入陽起於子陰起於午是以太一下九宮從坎宮始自此而從於坤宮自此而從於震宮自此而從於巽宮所以行半矣還息於中央之宮既又自此而從於坤宮又自此而從於兌宮又自此而從於艮宮又自此而從於離宮行則周矣上游息於太一之星而反紫宮行起從坎宮始終於離宮也經天驗道本盡於此或觀星辰逆順寒燠所由或察龜策之占巫

覡之言前書曰齊肅聰明者神或降之在男曰覡在女曰巫覡音胡歷反　其所因者非一術也立言於前有徵於後故智者貴焉謂之讖書讖書始出蓋知之者寡自漢取秦用兵力戰功成業遂可謂大事當此之時莫或稱讖若夏侯勝眭孟之徒以道術立名其所述著無讖一言劉向父子領校祕書閱定九流亦無讖錄成哀之後乃始聞之眭弘字孟魯國蕃人也昭帝時以明經爲議郎夏侯勝字長公東平人好洪範五行傳說宣帝時爲太子太傅又成哀時有詔使劉向及子歆爲祕書校定經傳諸子等九流謂儒家道家陰陽家法家名家墨家縱橫家雜家農家見藝文志並無讖說也　尚書堯使鯀理洪水九載績用不成鯀則殛死禹乃嗣興殛誅死也　而春秋讖云共工理水凡讖皆言黃帝伐蚩尤而詩讖獨以爲蚩尤敗然後堯受命春秋元命包中有公輸班與墨翟事見戰國非春秋時也衡集云班與墨翟並當子思時出仲尼後也　又言別有益州益州之置在於漢世前書武帝始置益州　其名三輔諸陵世數可知至於圖中訖于成帝一卷之書互異數事聖人之言埶無若是殆必虛偽之徒以要世取資往者侍中賈逵摘

讖互異三十餘事諸言讖者皆不能說至於王莽簒位漢世大禍八十篇何爲不戒則知圖讖成於哀平之際也且河洛六蓺篇錄已定後人皮傅無所容簒衡集上事云河洛五九六蓺四九謂八十一篇也傅音附臣賢案衡集云後人皮傅無所容竄又揚雄方言曰秦晉言非其事謂之皮傅謂不深得其情核皮膚淺近强相傅會也後人不達皮膚之意流俗本作多頗傳者誤也無所容竄謂不容妄有加增也莊子曰竄句籍辭續漢書亦作竄本作簒者義亦通也永元中清河宋景遂以歷紀推言水災而僞稱洞視玉版遯甲開山圖曰禹遊於東海得玉珪碧色長一尺二寸閩如日月以自照自達幽冥言宋景歷紀推知水災非洞視玉版所見者也或者至於弃家業入山林後皆無效而復采前世成事以爲證驗至於永建復統則不能知永建順帝卽位年也復統謂廢而復立言讖家不論也此皆欺世罔俗以昧埶位情僞較然莫之糾禁且律歷卦候九宮風角數有徵效世莫肯學而競稱不占之書謂競稱讖家也譬猶畫工惡圖犬馬而好作鬼魅誠以實事難形而虛僞不窮也韓子曰客爲齊王畫者問畫孰能對曰狗馬最難孰易鬼魅最易狗馬人所知也故難鬼魅無形故易也宜收藏圖讖一禁絕之則朱紫無所眩典籍無瑕玷矣後遷侍中帝引在帷幄諷議左右

嘗問衡天下所疾惡者宦官懼其毀己皆共目之衡乃詭對而出閹豎恐終爲其患遂共譏之衡常思圖身之事㠯爲吉凶倚伏幽微難明乃作思玄賦玄道也德也老子曰玄之又玄衆妙之門㠯宣寄情志其辭曰仰先哲之玄訓兮雖彌高其弗違玄訓道德之訓也論語顏回曰仰之彌高匪仁里其焉宅兮匪義迹其焉追論語孔子曰里仁爲美宅不處仁焉得知里宅皆居也潛服膺㠯永靚兮緜日月而不衰說文曰膺匈也禮記曰服膺拳拳而不息靚音才性反前書音義曰靚與靜同伊中情之信修兮慕古人之貞節修謂自修爲善也楚辭曰苟中情其好修兮竦余身而順止兮遵繩墨而不跌竦企立也禮記曰爲人臣止於敬爲人子止於孝爲人父止於慈與國人交止於信跌蹉也音徒結反繩墨喻禮法也楚辭曰遵繩墨而不頗志團圜㠯應縣兮誠心固其如結團圜垂貌詩曰心之憂矣如或結之旌性行㠯制佩兮佩夜光與瓊枝旌明也夜光美玉瓊枝玉樹以喻堅貞也楚辭曰折瓊枝以繼佩也纗幽蘭之秋華兮又綴之㠯江蘺案纗音祖綴反字書亦纂字也纂繫也諸家音並戶圭反誤也江蘺香草也本草經曰蘼蕪名江蘺郎芎藭苗也楚辭曰扈江蘺與辟芷兮紉秋蘭以爲佩皆取芬芳以象德也美襞積㠯酷裂兮允塵邈而難虧襞積衣襵也酷裂香氣盛也司馬相如曰酷裂淑郁又曰襞積褰縐允信也塵久也邈遠也虧猶歇也衣服芬芳久而不歇以喻道德著美幽而不屈也既姱麗而鮮

雙兮非是時之攸珍姱音口爪反王逸注楚辭曰姱好也攸所也言德雖美好而時人不珍也奮余榮而莫見兮播余香而莫聞幽獨守此仄陋兮敢怠皇而舍勤怠惰也皇暇也舍廢也幸二八之遲虞兮喜傅說之生殷向前良之遺風兮恫後辰而無及二八八元八愷也遲遇也音五故反虞虞舜也尙慕也恫痛也音通辰時也痛已後時而不及之也何孤行之煢煢兮孑不羣而介立感鸞鷖之特棲兮悲淑人之稀合山海經曰女牀山有鳥五采名曰鸞見則天下安寧又曰九疑山有五采之鳥名鷖鷖淑善也特獨也言靈鳥既獨棲善人亦少合也彼無合其何傷兮患衆僞之冒眞旦獲讟于羣弟兮啓金縢而乃信旦周公也讟謗也信音申成王立周公攝政其弟管叔蔡叔等謗言云公將不利於孺子周公乃誅二叔秋大熟未穫天大雷電以風禾盡偃成王與大夫啓金縢之書乃得周公所自以爲功代武王之策方信周公忠於國家也見尙書覽烝民之多僻兮畏立辟以危身烝衆也僻邪也辟法也詩曰人之多僻無自立辟也曾煩毒以迷或兮羌孰可與言已曾重也羌發語辭也言己之志無可與言之也私湛憂而深懷兮思繽紛而不理湛音沈繽紛亂貌也願竭力以守義兮雖貧窮而不改執雕虎而試象兮阽焦原而跟止雕虎有文也阽臨也焦原原名也跟足踵也尸子曰中黃伯曰我左執太行之獶右執雕虎唯象之未試吾或爲有力者則又願爲牛與象自謂天下之義人也惡乎試之曰夫貧窮太行之獶也跡踐者義之雕虎也吾日試之矣又曰莒國有名焦

原者廣尋長五十步臨百仞之谿莒國莫敢近也有以勇見莒子者獨卻行躋踵焉此所以服莒國也夫義之爲焦原也高矣此義所以服一世也衡言躬履仁義不避險難亦足以服一代之人也

庶斯奉以周旋兮要既死而後已左傳史克曰奉以周旋不敢失墜論語孔子曰死而後已不亦遠乎俗遷渝而事化兮泯規矩之圜方化變也泯滅也珍蕭艾於重笥兮謂蕙芷之不香蕭蒿也笥篋也蕙芷並香草也貴蕭艾喻任小人謂蘭芷爲不香喻弃賢人也斥西施而弗御兮羈要裊以服箱斥遠也西施越之美女也要音於皎反裊音奴了反呂氏春秋曰要裊古之駿馬也服駕也箱車也言疎遠美女又以駿馬駕車並喻不能用賢也行陂僻而獲志兮循法度而離殃陂不止也離被也惟天地之無窮兮何遭遇之無常不抑操而苟容兮譬臨河而無航航船也孫卿子曰偷合苟容以持祿周書陰符曰四輔不存若濟河無舟矣欲巧笑以干媚兮非余心之所嘗襲溫恭之黻衣兮披禮義之繡裳襲重也周禮黑與青謂之黻五色備曰繡辮貞亮以爲鞶兮雜技藝以爲珩說文曰辮交織也音蒲殄反禮記曰男鞶革女鞶絲鄭玄注云鞶小囊盛帨巾也珩佩玉也昭綵藻與雕琢兮璜聲遠而彌長璜佩玉也爾雅曰半璧曰璜言佩服之美喻道德之盛也淹棲遲以恣欲兮燿靈忽其西藏淹久也棲遲游息也燿靈日也楚辭曰燿靈安藏言年歲之蹉跎也恃己知而華予兮鶗鴂鳴而不芳己知猶知己也華榮也予衡自謂也鶗鴂鳥名喻讒人也廣雅曰鵜鴂布穀也楚辭曰恐鵜鴂之先鳴兮使夫百草爲之

不芳王逸注云以喻讒言先至使忠直之士
被罪也言特知已以相榮反遇讒而見害也冀一年之三秀兮遒白露之爲霜三
秀
芝草也楚辭曰采三秀於三閒說文
曰遒迫也方秀遇霜喻以賢被讒也時亹亹而代序兮疇可與乎比伉亹亹進
貌也謂
四時更進而代序疇誰也
伉偶也伉協韻音苦郎反咨姤嫮之難並兮想衣韓以流亡咨歎也姤忌也嫮
美也音胡故反楚
辭曰嫮目宜笑言嫉妒者憎惡美人故難與並也韓謂齊仙人韓終也爲王採
藥王不肯服終自服之遂得仙楚辭曰羨韓衆之得一　流亡謂流遁亡去也恐漸冉而
無成兮留則蔽而不章心猶與而狐疑兮卽岐阯而攄情岐阯山足
也周文王
所居
也文君爲我端著兮利飛遁以保名文君文王也端正也楚辭曰詹尹端策拂
龜周易遁卦上九曰肥遁無不利淮南九
師道訓曰遁而
能飛吉孰大焉歷衆山以周流兮翼迅風以揚聲遁卦艮下乾上艮爲山故曰歷
衆山從二至四爲巽巽爲風故
曰翼迅
風也二女感於崇岳兮或冰折而不營遁上九變而爲咸咸感也咸卦艮下兌
上從二至四爲巽與兌爲二女也崇岳
謂艮也從三至五爲乾易說卦曰乾爲冰
兌爲毀折陽不求陰故曰冰折而不營也天盆高而爲澤兮誰云路之不平乾
變
爲兌乾爲天兌爲澤故爲天爲澤言天
高尙爲澤誰云路之不平言可行也勔自強而不息兮蹈玉階之嶢崢勔勉也
乾爲金
玉故曰玉階嶢崢高峻
貌嶢音堯崢音士耕反懼筮氏之長短兮鑽東龜以觀禎左傳晉卜人曰筮短龜
長不如從長言筮之末
盡復以龜卜之也周禮龜人掌六
龜之屬東龜曰果屬其色青也遇九皐之介鳥兮怨素意之不逞詩小雅曰
鶴鳴九皐

注云皐澤中溢水出所爲也自外數至九喻深遠也介耿介也龜經有棲鶴兆也言卜得鶴兆也逞快也協韻音丑貞反遊塵外而瞥天兮據冥翳而哀鳴瞥視也音普列反冥翳高遠也鵰鶚競於貪婪兮我修絜已益榮鵰鶚鷙鳥也以喻讒佞也子有故於玄鳥兮歸母氏而後寧子謂衡也有故於玄鳥謂卜得鶴兆也易曰鳴鶴在陰其子和之我有好爵吾與汝縻之言子歸母氏然後得寧猶臣遇賢君乃享爵祿勸衡求聖君以仕之也占既吉而無悔兮簡元辰而俶裝悔惡也元辰吉辰也俶整也旦余沐於清原兮晞余髮於朝陽晞乾也朝陽日也爾雅曰山東曰朝陽楚辭曰朝濯髮於陽谷夕晞余身乎九陽也漱飛泉之瀝液兮咀石菌之流英瀝液微流也咀嚼也石菌芝也英華也翾鳥舉而魚躍兮將往走乎八荒翾飛也音許緣反走猶赴也音奏八荒八方荒遠地也淮南子曰登太山履石封以望八荒過少皥之窮野兮問三丘乎句芒帝王紀曰少昊邑于窮桑都曲阜故或謂之窮桑帝地在曾城北衡欲往東方故先過窮桑之野三丘東海中三山也謂蓬萊方丈瀛洲句芒木正東方之神也何道眞之淳粹兮去穢累而票輕道眞謂道德之眞班固幽通賦曰刔沈躬於道眞不澆曰淳不雜曰粹票音匹妙反猶飄颻也登蓬萊而容與兮鼇雖抃而不傾鼇大龜也列子曰勃海之東有大壑焉其中有五山一曰岱輿二曰員嶠三曰方壺四曰瀛洲五曰蓬萊隨波上下往還不得暫時仙聖訴於帝使巨鼇十五舉首而戴之迭爲三番六萬歲一交焉五山始不動抃音皮媛反楚辭曰鼇戴山抃說文抃拊手也留瀛洲而採芝兮聊且已乎長生東方朔十洲記曰瀛洲在東海之東上生神芝仙草有玉石膏出泉如酒味名之爲玉酒

飲之令人長生也憑歸雲而遐逝兮夕余宿乎扶桑扶桑日所出在陽谷中其桑相扶而生見淮南子噏青岑之玉醴兮餐沆瀣以爲糧爾雅曰山小而高曰岑郭璞注曰言岑崟也楚辭曰餐六氣而飲沆瀣王逸注云沆瀣夜半氣也糧或作粻發昔夢於木禾兮穀崑崙之高岡山海經曰崑崙墟在西北方八百里高萬仞上有木禾長五尋大五圍昔夜也穀生也衡此夜夢禾生於崑崙山之上卽下文云抨巫咸以占夢含嘉秀以爲敷是也衡集注及近代注解皆云昔日夢至木禾今親往見焉是爲發昔夢也臣賢案衡之此賦將往走乎八荒以後卽西往東方夾往南方乃適西方此時正在陽谷扶桑之地崑崙在西方之山安得巳往崑崙見木禾乎良由尋究不精致斯謬耳朝吾行於暘谷兮從伯禹於稽山暘谷日所出也孔安國注尚書曰禹代鯀爲崇伯故稱伯吳越春秋曰禹登茅山大會計理國之道故更名其山曰會稽也集羣神之執玉兮疾防風之食言左傳曰禹合諸侯於塗山執玉帛者萬國國語仲尼曰昔禹致羣神於會稽之山防風氏後至禹殺而戮之客曰敢問誰爲神仲尼曰山川之守足以紀綱天下者其守爲神食言謂後至也爾雅曰食僞也指長沙以邪徑兮存重華乎南鄰長沙今潭州也從稽山西南向長沙故云邪徑存猶問也重華舜名葬于蒼梧在長沙南故云南鄰也哀二妃之未從兮翩儐處彼湘瀕二妃舜妻堯女娥皇女英翩連翩也儐弃也瀕水涯也劉向列女傳曰舜陟方死于蒼梧二妃死於江湘之閒俗謂之湘君湘夫人也禮記云舜葬蒼梧二妃不從也流目覜夫衡阿兮睹有黎之圮墳痛火正之無懷兮託山陂以孤魂衡阿衡山之曲也黎顓頊之子祝融也爲高辛氏之火正葬於衡山圮毁也盛弘之荊州記云衡山南有南正重黎墓楚靈王時山崩毁其墳得營丘九頭圖焉愁蔚蔚以

慕遠兮越卭州而愉敖河圖曰天有九部八紀地有九州八柱東南神州曰晨土正南卭州曰深土西南戎州曰滔土正西弇州曰开土正中冀州曰白土西北柱州曰肥土北方玄州曰成土東北咸州曰隱土正東揚州曰信土愉樂也敖遊也躋日中于昆吾兮憩炎天之所陶淮南子曰日至于昆吾是謂正中高誘注云昆吾丘名在南方憩息也東方朔神異經曰南方有火山長四十里廣四五里晝夜火然陶猶炎熾也揚芒熛而絳天兮水泫沄而涌濤芒光芒也字林曰熛飛火也音必遙反泫音胡犬反沄音戶昆反並水流貌也溫風翕其增熱兮惄鬱邑其難聊溫風炎風也淮南子曰南方之極自北戶之外南至委火炎風之野二萬二千里惄音奴覿反爾雅曰惄思也顝羈旅而無友兮余安能乎留茲顝獨也音苦骨反不能留此將復西行也顧金天而歎息兮吾欲往乎西嬉金天氏西方之地少皥也嬉戲也前祝融使舉麾兮纚朱鳥以承旗纚繫也音山綺反朱鳥鳳也楚辭曰鳳皇翼其承旗也躔建木於廣都兮拓若華而躊躇躔次也拓猶折也淮南子曰建木在廣都若木在建木西末有十日其華照地山海經曰廣都之野后稷葬焉楚辭曰折若木以拂日躊躇猶徘徊也躊音直流反躇音直余反超軒轅於西海兮跨汪氏之龍魚聞此國之千歲兮曾焉足以娛余山海經曰軒轅之國在窮山之際其下壽者八百歲龍魚在其北一曰蝦魚有神巫乘此以行九野一曰鼈魚在汪野北其爲魚也如鯉魚白人之國在龍魚北也思九土之殊風兮從蓐收而遂徂九土九州也蓐收西方神也徂往也欲還中土也歘神化而蟬蛻兮朋精粹而爲徒歘疾貌也音許勿反

蛻音稅說文曰蟬蛻蟬所解皮也言去故就新若蟬蛻也朋猶侶也精粹美也**蹶白門而東馳兮云台行乎中野**蹶音厥鄭玄注禮記云蹶行遠之貌也淮南子曰自東北方曰方士之山曰蒼門東方曰東極之山曰開明之門東南方曰波母之山曰陽門南方曰南極之山曰暑門西南方曰編駒之山曰白門西方曰西極之山曰閶闔之門西北方曰不周之山曰幽都之門北方曰北極之山曰寒門凡八極之雲是雨天下八門之風是節寒暑爾雅曰台我也野協韻音神渚反**亂弱水之潺湲兮逗華陰之湍渚**正絕流曰亂山海經曰崑崙之丘其下有弱水之川環之注云其水不勝鳥毛潺湲流貌也逗止也華陰華山之北也臨河故云湍渚**號馮夷俾清津兮櫂龍舟以濟予**號呼也聖賢冢墓記曰馮夷者弘農華陰潼鄉隄首里人服八石得水仙爲河伯龍魚河圖曰河伯姓呂名公子夫人姓馮名夷俾使也淸靜也津濟度處靜之使無波濤也櫂檝也淮南子曰龍舟鷁首浮吹以虞予我也**會帝軒之未歸兮悵相佯而延佇**帝軒黃帝也鑄鼎於湖在今湖城縣與河華相近未歸謂黃帝得仙昇天神靈未歸相佯猶徘徊也**咽河林之蓁蓁兮偉關雎之戒女**咽音許吏反爾雅曰咽息也蓁蓁茂盛貌山海經云北望河林其狀如蒨偉美也詩國風曰關關雎鳩在河之洲窈窕淑女君子好仇衡覯河洲而思之也**黃靈詹而訪命兮摎天道其焉如**黃靈黃帝神也爾雅曰詹至也訪謀也摎求也**曰近信而遠疑兮六籍闕而不書**曰黃帝荅言也六籍六經也**神逵昧其難覆兮疇克謨而從諸**逵道也爾雅曰覆審也疇誰也謨謀也**牛哀病而成虎兮雖逢昆其必噬**昆兄也淮南子曰昔公牛哀病七日化而爲虎其兄覸之虎搏而殺之不知其兄也**鼈令殪而尸亡兮取蜀禪而引世**鼈令蜀王名也令音

靈殪死也禪傳位也引長也揚雄蜀王本紀曰荆人鼈令死其尸流亡隨江水上至成都見蜀王
杜宇杜宇立以爲相杜宇號望帝自以德不如鼈令以其國禪之號開明帝下至五代有開明尚
始去帝號
復稱王也**死生錯而不齊兮雖司命其不晰**錯交錯也司命天神也春秋佐助
期曰司命神名爲滅黨長八尺小
鼻望羊多髭臞瘦通於命運
期度晰明也協韻音之逝反**竇號行於代路兮後膺祚而繁廡**竇謂孝文竇皇
后也繁廡茂盛
也呂太后時出宮人以賜諸王竇姬家在淸河願如趙近家遺宦者吏必置我趙伍中宦者忘之
誤置代伍中姬涕泣不欲往相强乃行至代代王獨幸竇姬生景帝後立爲皇后景帝生十四子
後至光武
中興也**王肆侈於漢庭兮卒銜恤而絕緒**王謂孝平王皇后莽之女也前書
聘以黃金二萬斤遣劉歆奉乘輿
法駕迎后于第及莽篡位后嘗稱疾不朝會莽誅后自投
火中而死恤憂也詩小雅曰出則銜恤絕緒言無後也**尉尨眉而郎潛兮逮三葉**
而遘武尉謂都尉顏駟也尨蒼雜色也遘遇也漢武故事曰上至郎署見一老郎鬢眉皓白
問何時爲郎何其老也對曰臣姓顏名駟以文帝時爲郎文帝好文而臣好武景帝
好老而臣尚少陛下好少而臣已老是以
三葉不遇也上感其言擢爲會稽都尉也**董弱冠而司衮兮設王隧而弗處**董
賢
字聖卿哀帝時爲大司馬年二十二衮三公服也時哀帝令爲賢起家至尊無以
加及帝崩王莽殺賢於獄中左傳曰晉侯請隧曰王章也禮記曰二十曰弱冠也**夫吉凶之**
相仍兮恒反側而靡所穆負天以悅牛兮豎亂叔而幽主穆魯大夫
叔孫豹也
謚曰穆牛謂豎牛豹之子也幽閉也大夫稱主左傳曰叔孫豹奔齊宿於庚宗遇婦人而私焉至
齊夢天壓己弗勝顧而見人號之曰牛助余乃勝之及後還魯庚宗之婦人獻以雉曰余子長矣
召而見之則所夢也遂使爲豎有寵及穆子遇疾豎牛欲
亂其室曰夫子疾病不欲見人牛不進食穆子遂餓而死**文斷袪而忌伯兮閹謁賊**

而盜后文晉文公也袪袂也忌怨也伯謂伯楚也謁告也賊謂呂甥冀芮等盜安也后文公也初晉獻公使寺人勃鞮伐公于蒲城公踰垣勃鞮斬其袪及公入國呂甥冀芮謀作亂伯楚知之以告公公會秦伯于王城殺呂郤伯楚勃鞮字也事見國語通人闇於好惡兮豈愛惑之乃剖通人謂穆子文公等闇於好惡謂初悅豎牛後以餓死始怨勃鞮終能告賊剖分也言通人尚闇於好惡況愛寵惽惑者豈能分之嬴擿讖而戒胡兮備諸外而發內嬴秦姓也擿猶發也謂始皇發讖云亡秦者胡乃使蒙恬北築長城以爲外備而不知胡亥竟爲趙高所殺秦氏遂亡是發內也或輦賄而違車兮孕行產而爲對輦運也違避也車謂張車子也有夫婦夜田者天帝見而矜之問司命曰此可富乎司命曰命當貧有張車子財可以借而與之期曰車子生急還之田者稍富及期夫婦輦其賄以逃同宿有婦人夜生子問名於其父父曰生車閒名車子其家自此之後遂大貧皵見搜神記愼竈顯於言天兮占水火而妄誶爾雅曰誶告也左傳曰日有食之梓愼曰將水叔孫昭子曰旱也後果大旱又曰宋衛陳鄭將火鄭大夫裨竈請瓘斝玉瓚禳火子產弗予竈曰不用吾言鄭又將火子產曰天道遠人道邇非爾所及遂不與亦不復火也梁叟患夫黎丘兮丁厥子而事刃親所睇而弗識兮矧幽冥之可信梁叟梁國之老人也丁當也睇視也矧況也呂氏春秋曰梁北有黎丘鄉鄉有丈人往市醉而歸者黎丘奇鬼效其子之狀而道苦之丈人醒謂其子曰吾爲而父我醉女道苦我何故其子泣曰必奇鬼也丈人明日之市醉其眞子迎之丈人拔劒而刺之事音側利反前書音義曰江東人以物插地中爲事也毋綿攣以涬己兮思百憂以自疢綿攣猶牽制也涬音胡鼎反衡集注云涬引也言物牽制於俗引憂於己詩曰無思百憂祗自重兮彼天監之孔明兮用棐忱而祐仁監視也孔甚也棐輔也忱誠也祐助也言天之視人

甚明唯輔誠信而助仁德也尚書曰天監厥德又曰天威棐忱

湯蠲體以禱祈兮蒙厖褫以拯人蠲潔也祈求也爾雅曰厖大也褫福也帝王紀曰湯時大旱七年殷史卜曰當以人禱湯曰必以人禱吾請自當遂齋戒翦髮斷爪以己爲牲禱于桑林之社果大雨言蒙天大福以拯人衡集祈字作祊祊祭也褫音斯

景三慮以營國兮熒惑次於它辰景宋景公也三慮謂三善言也景公有疾司馬子韋曰熒惑守心心宋之分野君當祭之可移於相公曰相股肱也除心腹之疾而寘之股肱可乎曰可移於民公曰民所以爲國無民何以爲君曰可移於歲公曰歲所以養人也歲不登何以畜人乎子韋曰君善言三熒惑必退三舍見呂氏春秋也

魏顆亮以從理兮鬼亢回以斃秦魏顆魏武子之子也亮信也左傳曰晉魏顆敗秦師於輔氏獲杜回杜回秦之力人也初魏武子有嬖妾武子疾命顆曰必嫁是妾疾病則曰必以爲殉及卒顆嫁之曰疾病則亂吾從其治也輔氏之役顆見老人結草以亢杜回杜回躓而顚故獲之夜夢之曰余而所嫁婦人之父也爾用先人治命余是以報也

咎繇邁而種德兮德樹茂乎英六尚書曰咎繇邁種德注云邁行也種布也英六並國名咎繇能行布道德子孫茂盛封於英六帝王紀皐陶卒葬之於六禹封其少子於六以奉其祀六故城在今壽州安豐縣南也

桑末寄夫根生兮卉既彫而已毓根生謂寄生也言百草至寒皆彫落唯寄生獨榮於桑之末本草經桑上寄生一名寄屑一名寓木一名宛童以喻咎繇封於英六餘國先滅英六獨存也

有無言而不讎兮又何往而不復言咎繇布德行仁慶流後裔詩曰無言不讎易曰無往不復也

盍遠迹以飛聲兮孰謂時之可蓄盍何不也蓄猶待言何不遠遊以飛聲譽誰謂時之可待言易逝也

仰矯首以遙望兮魂惝惘而無疇惝惘猶敞怳也

偪區中之隘陋兮將北度而宣遊偪迫也宣徧也

行

積冰之磑磑兮清泉沍而不流淮南子曰北方之極自九澤窮大海之極有凍寒積冰雪雹羣冰之野磑音牛哀反世本云公輸作石磑說文曰磑磑霜雪之貌也畓古字磑與磑通沍音胡故杜預注左傳云沍閉也寒風淒而永至兮拂穹岫之騷騷玄武縮於殼中兮螣蛇蜿而自糾玄武謂龜蛇也曲禮曰前朱雀而後玄武殼龜甲也爾雅曰螣螣蛇蜿屈也糾纏結也騷騷叶韻音修糾音古由反魚矜鱗而并凌兮鳥登木而失條矜竦也并猶聚也凌冰也音力澄反失條言寒也坐太陰之屏室兮慨含欷而增愁太陰北方極陰之地也楚詞曰選鬼神於太陰怨高陽之相寓兮佃顓頊之宅幽高陽氏帝顓頊也山海經曰東北海之外附禺之山帝顓頊與九嬪葬焉相視也寓居也佃屈也音乞鳳反宅幽謂居北方幽都之地尚書曰宅朔方曰幽都庸織絡於四裔兮斯與彼其何瘳庸勞也織絡猶經緯往來也瘳愈也言勞於往來四方經積水炎火之地彼此亦何差也織或作識絡或作駱望寒門之絕垠兮縱余緤乎不周淮南子曰北極之山曰寒門楚辭曰踔絕垠乎寒門垠音五巾反廣雅曰垠咢也緤馬韁也音思列反不周西北方山也垠或作限也迅飇潚其媵我兮鶩翩飄而不禁飇風也潚疾也音蕭媵送也翩飄亦疾貌也禁協韻音金趨谽嘲之洞穴兮標通淵之碄碄谽嘲深貌也谽音呼含反嘲音呼加反碄音林亦深貌也既遊四方又入地下經重陰乎寂寞兮愍墳羊之潛深重陰地中也國語曰魯季桓子穿井獲土缶中有蟲若羊焉使問仲尼仲尼對曰土之怪曰墳羊追慌忽於地底兮軼無形而上浮慌忽無形貌也出右密之闇野

兮不識蹊之所由右謂西方也密山名也山海經曰西北曰密山黃帝取密山之玉策投之鍾山之陰闇幽隱也蹊路也速燭龍令執炬兮過鍾山而中休速召也燭龍北山之神也山海經曰西北海之外有神人面蛇身而赤其眼及晦視乃明不食不寢是燭九陰是謂燭龍炬可以昭明瞰瑤谿之赤岸兮弔祖江之見劉瑤谿瑤岸也山海經曰鍾山之東曰瑤岸又曰鍾山其子曰鼓其狀人面而龍身是與欽䲹殺祖江於崑崙之陽䲹音邳爾雅曰劉殺也聘王母於銀臺兮羞玉芝㠯療飢王母西王母也銀臺仙人所居也羞進也本草經曰白芝一名玉芝戴勝慭其既歡兮又誚余之行遲山海經曰崑崙之丘有人戴勝虎齒有尾穴處名曰西王母慭相傳音宜覲反杜預注左傳慭發語之音也臣賢案張揖字詁慭笑貌也嗚之別體音許近反與此義合也載太華之玉女兮召洛浦之宓妃詩含神霧曰太華之山上有明星玉女主持玉漿服之神仙宓妃洛水神也咸姣麗㠯蠱媚兮增嫮眼而蛾眉姣好也音古巧反蠱音野謂妖麗也嫮音胡故反好貌也楚辭曰嫮目宜笑也舒妙婧之纖腰兮揚雜錯之袿徽婧音財性反謂妍婧也袿音圭婦人之上服爾雅曰婦人之徽謂之褵郭璞注云郎今之香纓也離朱脣而微笑兮顏的礫㠯遺光的礫明也遺光言光彩射也獻環琨與璵縭兮申厥好㠯玄黃環琨並玉佩也白虎通曰修道無窮即佩環能本道德即佩琨也玄黃謂繒綺也尚書曰厥篚玄黃言玉女宓妃等既獻環佩又贈以繒綺也雖色豔而賂美兮志浩蕩而不嘉賂或作貽浩蕩廣大也言不以玉女及贈遺爲美也楚辭曰怨靈脩之浩蕩雙材悲於不納兮並詠詩而清歌雙材謂玉女宓妃也

卽上文所謂二女感於崇岳也歌曰天地烟熅百草含藹鳴鶴交頸雎鳩相和處子懷春精魂回移烟熅氣也易繫辭曰天地絪縕張揖字詁曰藹古花字也處子處女也懷思也莊子曰綽約若處子詩曰有女懷春如何淑明忘我實多淑善也詩曰如何如何忘我實多將答賦而不暇兮爰整駕而亟行賦謂玉女所歌詩也亟疾也音紀力反卽上所謂水折不縈也瞻崑崙之巍巍兮臨縈河之洋洋伏靈龜以負坻兮亘螭龍之飛梁山海經曰河出崑崙西北隅縈曲也爾雅曰小沚曰坻謂水中高地以龜負之可以駕橋也亘猶橫度也廣雅曰無角曰螭龍也登閬風之曾城兮構不死而爲牀閬風山名在崑崙山上楚辭曰登閬風而緤馬淮南子曰崑崙山有曾城九重高萬一千里上有不死樹在其西今以不死木爲牀也屑瑤蘂以爲糇兮𣂪白水以爲漿瑤瓊也楚辭曰屑瓊蘂以爲粻糇糧也𣂪音居于反謂酌也河圖曰崑山出五色流水其白水東南流入中國名爲河也抨巫咸以占夢兮迺貞吉之元符抨使也音普耕反又補耕反巫咸神巫也山海經曰大荒之中有靈山巫咸巫彭巫謝等十巫衡既夢木禾今故令巫咸占之也元善也滋令德於正中兮含嘉禾以爲敷滋茂也淮南子曰昏張中則務種穀說文曰禾嘉穀也至二月始生八月而熟得時之中故謂之禾既垂穎而顧本兮爾要思乎故居穎穟也本禾本也言禾既垂穟顧本人亦當思故居也淮南子曰孔子見禾三變始於粟生於苗成於穟乃歎曰我其首禾乎高誘注云禾穟向根君子不忘本也安和靜而隨時兮姑純懿之所廬姑且也懿美也廬猶居也戒庶寮以夙會兮僉

綦職而並迓（僉皆也迓迎也）豐隆軯其震霆兮列缺曄其照夜（豐隆雷也軯聲也音普耕反震霆霹靂也霆音廷列缺電也曄光也）雲師䨴㠯交集兮涷雨沛其灑塗（雲師屏翳也䨴陰貌音徒感反爾雅曰暴雨謂之涷沛雨貌也塗協韻音徒故反楚辭曰使涷雨兮灑塵）轙琱輿而樹葩兮擾應龍㠯服輅（轙音魚綺反爾雅曰載轡謂之轙郭璞注云轙軛上環也轡所貫也琱以玉飾車也樹立也葩華也於車上建華蓋擾馴也廣雅曰有翼曰應龍也）百神森其備從兮屯騎羅而星布（周頌曰懷柔百神森眾貌也屯聚也）振余袂而就車兮修劒揭㠯低昂（修長也揭低昂貌也）冠咢咢其映蓋兮佩綝纚㠯煇煌（咢音五各反一作岌並冠高貌也映蓋謂冠與車蓋相映也綝音林纚音離盛貌也煇音胡本反光貌也）僕夫儼其正策兮八乘攄而超驤（八乘八龍也楚辭曰駕八龍之蜿蜿攄猶騰也）氛旄溶㠯天旋兮蜺旌飄而飛揚（氛天氣也旄羽旄也溶音湧王逸注楚辭曰溶廣大貌也蜺雌虹也）撫軨軹而還睨兮心灼藥其如湯（軨音零說文曰車轖間橫木也楚辭曰倚結軨兮太息軹音之是反杜子春注周禮云軹兩轊也說文云車輪小穿也還睨顧瞻也藥音爍熱貌也言顧瞻鄉國而心熱也）羨上都之赫戲兮何迷故而不忘（上都謂天上也赫戲盛貌也衡既偏歷四海方欲遊於天上故云何不忘其故居而苦迷惑思之）左青琱㠯揵芝兮右素威㠯司鉦（青琱青文龍也揵堅也音巨偃反芝蓋也素威白虎也禮記曰左青龍而右白虎說文曰鉦鐃也似鈴也）前長離使拂羽兮委水衡乎玄冥（長離即鳳也水衡官名注水官也玄冥水神也）

司馬相如大人賦曰前長離而後矞皇也屬箕伯以函風兮澂澒溶而爲清箕伯風師也函猶含也澂清也澒音它典反溶音乃典反楚辭曰切澒溶之流俗王逸注曰澒溶垢濁也曳雲旗之離離兮鳴玉鸞之譻譻鸞鈴也在鑣譻聲也音嚶楚辭曰鳴玉鸞之啾啾也涉清霄而升遐兮浮蔑蒙而上征霄雲也蔑蒙氣也蒙音莫孔反上征上於天也揚雄甘泉賦曰浮蔑蒙而撇天紛翼翼以徐戾兮焱回回其揚靈翼翼飛貌戾至也回回光貌楚辭曰皇剡剡其揚靈王逸注云揚其光靈也叫帝閽使闢扉兮覿天皇于瓊宮閽主門者天皇天帝也揚雄甘泉賦曰選巫咸兮叫帝閽聆廣樂之九奏兮展洩洩以彤彤史記曰趙簡子曰我之帝所甚樂與百神遊於鈞天廣樂九奏左傳鄭莊公賦大隧之中其樂也融融姜出賦大隧之外其樂也洩洩彤與融同也考理亂於律鈞兮意建始而思終詩序曰太平之音安以樂其政和亂世之音怨以怒其政乖律十二律也樂叶圖徵曰聖人承天以立均宋均注曰均長八尺施絃以調六律也建立也衡言聽九奏之樂考政化之得失而思其終始也惟盤逸之無斁兮懼樂往而哀來盤樂也逸縱也斁厭也音亦又音徒故反古度字也莊子曰樂未畢也哀又繼之素撫弦而餘音兮大容吟曰念哉素素女也史記曰太帝使素女鼓五十弦琴大容黃帝樂師也念哉戒逸樂也旣防溢而靜志兮迨我暇以翺翔溢滿也迨及也翺翔將遠逝也出紫宮之肅肅兮集太微之閬閬紫宮太微並星名也肅肅清也閬閬明大也命王良掌策駟兮踰高閣之鏘鏘史記曰天駟旁一星曰王良高閣閣道星也史記曰絕漢抵營室曰閣道鏘鏘

高貌也建罔車之幕幕兮獵青林之芒芒罔車畢星也幕幕罔貌青林天苑也彎威弧之撥刺兮射嶓冢之封狼弧星名也易曰弧矢之利以威天下撥音方割反刺音力達反撥刺張弓貌也嶓冢山也封大也狼星名河圖曰嶓冢之精上為狼星觀壁壘於北落兮伐河鼓之磅硠壁東壁也史記曰羽林天軍西為壘壘旁大星為北落牽牛北為河鼓磅硠聲也磅音普郎反硠音郎乘天潢之汎汎兮浮雲漢之湯湯史記曰王良旁有八星絕漢曰天潢雲漢曰天河也倚招搖攝提以低回劉流兮察二紀五緯之綢繆遹皇招搖攝提星名也劉音居流反低回劉流回轉之貌二紀日月也五緯五星也綢繆相次之貌也遹皇行貌也偃蹇夭蟜娩以連卷兮雜沓叢顇颯以方驤娩音孚萬反卷音拳並翺翔自恣之貌也緘汨飂戾沛以罔象兮爛漫麗靡藐以迭逷緘音一六反汨音于筆反飂音遼沛音普蓋反並疾貌也藐小也藐音亡小反逷音徒郎反凌驚雷之砊磕兮弄狂電之淫裔砊磕雷聲也砊音康磕音苦蓋反淫裔電貌狂疾也踰厖澒於宕冥兮貫倒景而高厲厖音亡孔反澒音胡孔反孝經援神契曰天度濛澒宋均注云濛澒未分之象也說文曰宕過也冥幽冥也貫穿也前書谷永上書曰登遐倒景音義曰在日月之上日月反從下照故其景倒也厲陵厲也廓盪盪其無涯兮乃令窮乎天外據開陽而頫眄兮臨舊鄉之暗藹春秋運斗樞曰北斗第六星為開陽頫音俯暗藹遠貌也暗音烏感反悲離居之勞心兮情悁悁而思歸說文曰悁悁憂也音於緣反詩國風曰勞心悁

悁也　魂眷眷而屢顧兮馬倚輈而徘回輈轅也　雖遨游以媮樂兮豈愁慕之可懷媮音通偸反懷安也　出閶闔兮降天途乘飈忽兮馳虛無閶闔天門　雲霏霏兮繞余輪風眇眇兮震余旟繽聯翩兮紛暗曖儵眩眃兮反常閭儵忽也眩音縣眃音混疾貌常閭故里也　收疇昔之逸豫兮卷淫放之遐心謂初遊於四方天地之間以自淫放今改悔也　修初服之娑娑兮長余珮之參參楚辭曰退將復修吾初服王逸注云修吾初始清潔之服也娑娑衣貌參參長貌　文章煥以粲爛兮美紛紜以從風御六藝之珍駕兮遊道德之平林以六藝爲車而駕之也以道德爲林而遊之也　結典籍而爲罟兮敺儒墨而爲禽罟網也音古儒家子思孟軻孫卿等墨家爲墨翟胡非伊佚等　玩陰陽之變化兮詠雅頌之徽音嘉曾氏之歸耕兮慕歷陵之欽崟琴操曰歸耕者曾子之所作也曾子事孔子十餘年晨覺眷然念二親年衰養之不備於是援琴鼓之曰往而不反者年也不可而再事者親也歔欷歸耕來日安所耕歷山盤乎欽崟山貌崟音吟　共夙昔而不貳兮固終始之所服也夕惕若厲以省諐兮懼余身之未勑也共音恭易曰君子終日乾乾夕惕若厲惕懼也厲病也勑整也　苟中情之端直兮莫吾知而不恧恧慙也音女六反　墨無爲以凝志兮與仁義乎消搖老子曰上德無

（爲也）不出戶而知天下兮何必歷遠以劬勞（老子曰不出戶而知天下）系曰天長地久歲不留俟河之清祇懷憂（系繫也老子曰天長地久左氏傳曰俟河之清人壽幾何也）願得遠度以自娛上下無常窮六區（六區謂四方上下也）超踰騰躍絕世俗飄颻神舉逞所欲天不可階仙夫希柏舟悄悄吝不飛（階升也論語曰夫子之不可及猶天之不可階而升仙夫仙人也詩邶風曰柏舟言仁而不遇也其詩曰汎彼柏舟亦汎其流憂心悄悄慍于羣小靜言思之不能奮飛鄭玄注云舟載度物者也今不用而與衆物相混俱流水中喻仁人不用而與羣小並列悄悄憂貌也臣不遇於君猶不忍奮翼而飛去吝惜也衡亦不遇其時而爲宦者所譖故引以自喻也）松喬高跱孰能離結精遠遊使心攜（松赤松子也喬王子喬也列仙傳曰赤松子神農時雨師服水玉教神農能入火自燒至崑崙山上常止西王母石室隨年上下王子喬周靈王太子晉也好吹笙作鳳鳴遊伊洛閒道士浮丘公接上嵩高山二十餘年後來於山上見桓良曰告我家七月七日待我緱氏山頭果乘白鶴往山巔望之不得到舉手謝時人數日去字林曰跱踞也謂得仙高踞也離附也攜離也）回志朅來從玄諆（朅去也音丘列反諆或作謨謨亦謀也音基字從其）獲我所求夫何思永和初出爲河閒相（河閒王名政）時國王驕奢不遵典憲又多豪右共爲不軌衡下車治威嚴整法度陰知姦黨名姓一時收禽上下肅然稱爲政理視事三年上書乞骸骨徵拜尚書年六十二永和四年卒著周

官訓詁崔瑗以爲不能有異於諸儒也又欲繼孔子易說彖象殘缺者竟不能就所著詩賦銘七言靈憲應閒七辯巡誥懸圖凡三十二篇衡集作玄圖蓋玄與懸通永初中謁者僕射劉珍校書郎劉騊駼等著作東觀撰集漢記因定漢家禮儀上言請衡參論其事會並卒而衡常歎息欲終成之及爲侍中上疏請得專事東觀收檢遺文畢力補綴衡表曰臣仰幹史職敢徼官守竊貪成訓自忘頑愚願得專於東觀畢力於紀記竭思於補闕俾有漢休烈比久長於天地並光明於日月照示萬嗣永永不朽也又條上司馬遷班固所敘與典籍不合者十餘事衡集其略曰易稱宓犧氏王天下宓犧氏沒神農氏作神農氏沒黃帝堯舜氏作史遷獨載五帝不記三皇今宜并錄又一事曰帝系黃帝產青陽昌意周書曰乃命少皞清清即青陽也今宜實定之又以爲王莽本傳但應載篡事而已至於編年月紀災祥宜爲元后本紀又更始居位人無異望光武初爲其將然後即眞宜以更始之號建於光武之初書數上竟不聽及後之著述多不詳典時人追恨之

論曰崔瑗之稱平子曰數術窮天地制作侔造化瑗撰平子碑文也斯致可

得而言歟推其圍範兩儀天地無所蘊其靈易繫辭曰範圍天地之化王弼注云擬範天地而周備其理也謂作渾天儀也運情機物有生不能參其智機物謂作候地動儀等故智思引淵微人之上術記曰德成而上藝成而下禮記文也量斯思也豈夫藝而已哉何德之損乎損減也言藝不減於德也

贊曰三才理通人靈多蔽三才天地人言人雖與天地通為三才而性靈多蔽罕能知天道也近推形算遠抽深滯不有玄慮孰能昭晣玄猶深也晣音制

張衡傳第四十九

金陵書局仿汲古閣本刊

後漢書五十九

馬融傳第五十上　　後漢書六十上

唐章懷太子賢注

馬融字季長扶風茂陵人也（融集云茂陵成懽里人也）將作大匠嚴之子（嚴援兄余之子）爲人美辭貌有俊才初京兆摯恂以儒術教授隱于南山不應徵聘名重關西（三輔決録注曰恂字季直好學善屬文隱於南山之陰）融從其游學博通經籍恂奇融才以女妻之永初二年大將軍鄧隲聞融名召爲舍人非其好也遂不應命客於涼州武都漢陽界中會羌虜飈起邊方擾亂米穀踊貴自關以西道殣相望（左傳曰叔向云道殣相望杜注云餓死爲殣也音覲）融既飢困乃悔而歎息謂其友人曰古人有言左手據天下之圖右手刎其喉愚夫不爲（莊子曰言不以名害其生者）所以然者生貴於天下也今以曲俗咫尺之羞滅無貲之軀殆非老莊所謂也故往應隲召四年拜爲校書郎中（謝承及續漢書並云爲校書郎又拜郎中也）詣東觀典校祕書是時鄧太后臨朝隲兄弟輔政而俗儒世

士以爲文德可興武功宜廢遂寢蒐狩之禮息戰陳之法故猾賊從横乘此無備融乃感激以爲文武之道聖賢不墜五才之用無或可廢五才金木水火土也左傳曰宋子罕曰天生五材人並用之廢一不可誰能去兵元初二年上廣成頌以諷諫其辭曰廣成苑在今汝州梁縣西臣聞孔子曰奢則不遜儉則固奢儉之中以禮爲界界猶限也是以蟋蟀山樞之人並刺國君諷以太康馳驅之節詩國風序曰蟋蟀刺晉僖公也儉不中禮其詩曰無已太康職思其居毛萇注云已甚也鄭箋云君雖當自樂亦無甚太樂欲其用禮以爲節也又序曰山有樞刺晉昭公也有才不能用其詩曰子有車馬弗馳弗驅宛其死矣他人是愉言僖公以太康貽戒昭公以不能馳驅被譏言文武之道須折衷也樞音謳夫樂而不荒憂而不困左傳曰吳季札聘於魯魯爲之歌頌季札曰樂而不荒爲之歌衞曰憂而不困先王所以平和府藏頤養精神致之無疆韓詩外傳曰人有五藏六府何謂五藏精藏於腎神藏於心魂藏於肝魄藏於肺志藏於脾此之謂五藏也何謂六府喉咽者量腸之府也胃者五谷之府也大腸者轉輸之府也小腸者受成之府也膽者積精之府也旁光者湊液之府也詩曰天生蒸民有物有則故戛擊鳴球載於虞謨吉日車攻序於周詩戛敔也音古八反形如伏獸背上有二十七刻以木長尺櫟之所以止樂擊柷也象桶中有椎柄連底撞之所以作樂見三禮圖球玉磬也虞謨舜典也詩小雅曰吉日維戊既伯既禱田車既好四牡孔阜又曰我車既攻我馬既同聖主賢君以增盛美豈徒爲奢淫而已哉伏見元

年已來遭値厄運元年謂安帝卽位年也厄運謂地震大水雨雹之類陛下戒懼災異躬自菲薄荒棄禁苑廢弛樂懸勤憂潛思十有餘年以過禮數重以皇太后體唐堯親九族篤睦之德陛下履有虞烝烝之孝外舍諸家每有憂疾聖恩普勞遣使交錯稀有曠絕時時寍息又無以自娛樂殆非所以逢迎太和裨助萬福也臣愚以爲雖尚頗有蝗蟲今年五月以來雨露時澍祥應將至方涉冬節農事閒隙宜幸廣成覽原隰觀宿麥勸收藏因講武校獵使寮庶百姓復覩羽旄之美聞鐘鼓之音歡欣喜樂鼓舞疆畔孟子對齊宣王曰今王頗鼓樂于此百姓聞王鐘鼓之聲舉欣欣然有喜色而相告曰吾王庶幾無疾病歟何以能鼓樂也今王田獵於此百姓見羽旄之美欣欣有喜色而相告曰吾王庶幾無疾病歟何以能田獵也此無它與人同樂也以迎和氣招致休慶小臣螻蟻不勝區區職在書籍謹依舊文重述蒐狩之義作頌一篇并封上淺陋鄙薄不足觀省臣聞昔命師於鞬櫜偃伯於靈臺或人嘉而稱焉鞬以藏箭櫜以藏弓鞬音紀言反櫜音高禮記孔子曰武王克殷倒載干戈包以獸皮名之曰鞬櫜鄭注曰鞬讀爲鍵音其蹇反謂藏閉之也此馬鄭異

義司馬法曰古者武軍三年不興則凱樂凱歌偃伯靈臺荅人之勞告不興也偃休也伯謂師節也靈臺望氣之臺也彼固未識夫靁霆之爲天常金革之作昬明也左傳鄭子大叔曰爲刑罰威獄以類天之震耀殺戮杜預注曰靁霆震耀天之威也聖人作刑獄以象類之也又宋子罕曰兵之設久矣所以威不軌而昭文德也聖人以興亂人以廢廢興存亡昬明之術皆兵之由也自黃炎之前傳道罔記三五㠯來越可略聞且區區之酆郊猶廓七十里之囿盛春秋之苗酆周文王所都孟子曰文王之囿方七十里爾雅曰春獵爲蒐夏曰苗秋曰獮冬曰狩詩詠圃艸樂奏騶虞韓詩曰東有圃艸駕言行狩毛詩曰彼茁者葭一發五豝于嗟乎騶虞毛萇注云騶虞義獸也白虎黑文不食生物有至信之德則應之周禮大司樂王大射則奏騶虞是㠯大漢之初基也宅茲天邑總風雨之會交陰陽之和周禮曰風雨之所會也陰陽之所和也乃建王國焉天邑謂洛陽也揆厥靈囿營于南郊揆度也詩大雅曰王在靈囿言作廣成苑以比之徒觀其坰埸區宇恢胎曠蕩藐夐勿罔寥豁鬱泱藐音眇泱音烏朗反竝廣大貌也騁望千里天與地莽于是周阹環瀆右矕三塗左概嵩嶽阹音欺於反上林賦曰江河爲阹郭璞注曰因山谷遮禽獸曰阹廣雅曰矕視也音馬板反三塗山名在陸渾縣西南面據衡陰箕背王屋浸㠯波溠貫㠯滎洛衡陰衡山之北山海經曰雉山澧水出焉東曰衡山多靑雘地里志云雉縣衡山澧水所出在今鄧州向城縣北王屋山在今王屋縣北周禮曰豫州其浸波溠其川滎洛水經注云溠水出黃山在今隨州棗陽縣東北又云波水出歇馬嶺即應劭所謂孤山波水所出者今在汝

州魯山西北滎水在滎陽縣東是也

金山石林殷起乎其中峩峩磑磑鏘鏘嶊嶊隆穹槃回嵎峗錯崔金山金門山也水經注云在澠池縣南石林大石山也一名萬安山在河南郡境薄云洛陽縣南大石山中有雜樹木有祠名大石祠山高二百丈也殷音於謹反磑音五來反嶊音徂回反嵎音隅峗音魚軌反並高峻貌神泉側出丹水涅池怪石浮磬燿焜于其陂爾雅曰氿泉穴出穴出側出也丹水涅水在今鄧州怪石怪異好石似玉者浮磬若泗水中石可以爲磬也燿焜光也其土毛則搉牧薦草芳茹甘茶毛草也左傳云楚芋尹無宇曰食土之毛誰非君臣搉相傳音角搉牧未詳莊子曰麋鹿食薦一曰草稠曰薦茹茶也爾雅曰荼苦茶也詩曰堇荼如飴飴亦甘也茈萁芸蒩昌本深蒱茈音紫萁音其爾雅曰綦月爾郭璞注曰卽紫綦也似蕨可食芸香草也說文云似苜蓿蒩音資都反廣雅曰蕺蒩也其根似茅根可食昌本昌蒲根也深蒲謂蒲白生深水之中芝荋堇荁蘘荷芋蕖芝荋草也禮記曰芝栭蔆椇荋音而堇荼花紫葉可食而滑荁音戶官反禮記曰堇荁枌榆鄭注云荁堇類也蘘荷苗似薑根色紅紫似芙蓉可食芋蕖卽芋魁也一名蹲鴟大葉其根亦可食也桂荏鳧葵格韭菹于爾雅曰蘇桂荏方言曰蘇亦荏也爾雅曰茆鳧葵葉團似蓴生水中今俗名水葵爾雅曰茖山蔥格與茖古字通菹音子閭反卽芭苴一名芭蕉于軒于也一名蕕生於水中矣其植物則玄林包竹藩陵蔽京珍林嘉樹建木叢生玄猶幽也包叢生也爾雅曰大阜曰陵絕高曰京藩亦蔽也建木長木也椿梧栝栢柜柳楓楊並木名也柜音矩楊協韻音以征反豐彤對蔚崟頷槮爽並林木貌也對音徒對反崟音吟槮音所金反爽協韻音生翕習春風含津吐榮鋪于布濩蓶扈蘳熒惡可殫形鋪音敷蓶音以揆反郭璞注爾

雅云草木華初出爲芛與蘳通其字從唯本作從荏者誤也扈音戶蘳音胡瓦反字從圭並花葉貌本作蘳說文云蘳黃花也廣雅曰好色也熒光也惡何也音烏至于陽月陰慝害作百草畢落林衡戒田焚萊柞木爾雅曰十月爲陽孫炎注曰純陰用事嫌於無陽故以名云左傳曰唯正月之朔慝未作杜注云慝陰氣也害作言陰氣肅殺害於百草也周禮曰林衡掌巡林麓之禁令又曰牧師掌牧地凡田事贊焚萊除草也柞音士雅反邪斫木也周禮柞氏掌攻草木及林麓然後舉天網頓八紘揫斂九藪之動物繯橐四野之飛征揫聚也音子由反周禮職方氏掌九藪揚州具區荆州雲夢豫州圃田青州孟諸兖州大野雍州弦蒲幽州貕養冀州楊紆并州昭余祁鄭玄注云澤無水曰藪動物謂禽獸也繯音胡犬反又胡串反說文曰繯落也國語曰繯於山有罕賈逵注云繯還也橐囊也音託四野四方之野也飛征飛走也鳩之平茲囿之中山敦雲移羣鳴膠膠鄗騃譟讙子野聽聳離朱目眩隸首策亂陳子籌昏鳩聚也敦音屯亦積聚也鄗騃獸奮迅貌也鄗音普美反騃音俟韓詩曰駓駓俟俟或羣或友眩亂也叶韻音玄隸首黃帝時善算者也陳子陳平善於籌策也昏亂也言禽獸多不可算計於是營圍燐廓充斥川谷罦罝羅羉彌綸阬澤皐牢陵山罦音浮雉網也罝兔罟也羉罷網也音力官反並見爾雅阬音苦庚反蒼頡篇曰阬壑也皐牢猶牢籠也孫卿子曰皐牢天下而制之若制子孫也諸本有作牢柵者非也校隊案部前後有屯甲乙相伍戊己爲堅周禮司馬職曰前後有屯甲乙謂相次也伍伍長也戊己居中爲中堅也乘輿乃以吉月之陽朔登于疏鏤之金路六驌驦之玄龍建雄虹之旌夏揭鳴鳶之修

橦陽朔十月朔也疏鏤謂雕鏤也周還輿服雜記曰玉路重較也金路玉路形制如一六駕六馬也續漢志曰天子五路駕六馬驌驦馬名左傳曰唐成公有兩驌驦馬周禮曰馬高八尺曰龍禮記曰孟冬乘玄輅駕鐵驪今此亦順冬氣而乘玄也郭璞注爾雅云虹雙出色鮮盛者爲雄左傳云舞師題以旌夏杜預注云旌夏大旌也揭舉也音渠列反禮記曰前有塵埃則載鳴鳶鳶鳴也音緣鳴則風動故畫之於旌旗以候埃塵也橦者旗之竿也音直江反曳長庚之飛髾載日月之太常棲招搖與玄弋注枉矢于天狼長庚卽太白星髾音所交反卽旌旗所垂之羽毛也太常天子所建大旗也畫之日月周禮曰日月爲常招搖玄弋天狼竝星名也枉矢妖星蛇行有尾目赤畫于旌旗也羽毛紛其髟鼬揚金鍐而扡玉瓖髟鼬羽旄飛揚貌也髟音必由反鼬音羊救反蔡邕獨斷曰金鍐者馬冠也高廣各四寸在馬髮前鍐音無犯反一音子公反瓖馬帶以玉飾之音襄屯田車于平原播同徒于高岡旃旝摻其如林錯五色以摛光詩小雅曰我車既好又曰射夫既同言徒眾齊同也旝亦旃也音古會反左傳曰旝動而鼓摻音所金反與森字同淸氛埃埽野場誓六師搜儁良野場謂除其艸萊令得驅馳也左傳曰天子六軍儁良馬之善者司徒勒卒司馬平行車攻馬同教達戒通周禮曰司徒若將有軍旅會同田役之戒則受法于司馬以作其眾又曰司馬狩田以旌爲左右和之門前後有屯百步有司巡其前後鄭注云正其士之行列詩小雅曰我車既攻我馬既同毛萇注曰攻堅也同齊也戎車齊力尚強也田獵齊足尚疾也伐咎鼓撞華鐘獵徒縱赴榛叢咎鼓大鼓也音公刀反周禮咎鼓長尋有四尺徽嫿霍奕別騖分奔騷擾聿皇往來交舛紛紛回回南北東西嫿音呼獲反竝奔馳貌風行雲轉匈

礚隱訇黃塵勃滃闇若霧昏礚音苦蓋反訇音火宏反竝聲也滃音烏童反日月爲之籠光列宿爲之翳昧僄狡課才勁勇程氣僄狡勇捷僄匹妙反狗馬爭逐鷹鸇競鷙驍騎旁佐輕車橫厲相與陸梁聿皇于中原絹猑䟤鏦特肩脰完羝撝介鮮散毛族梏羽羣絹繫也與罥通音工犬反猑䟤野馬也爾雅曰猑䟤趼善升甗猑音昆鏦猶撞也揚雄方言曰吳楚之閒或謂矛爲鏦音楚江反韓詩齊風曰竝驅從兩肩兮薛君傳曰獸三歲曰肩脰頸也謂中其頸也脰音豆完羝野羊也臣賢案字書作羦音戶官反與完通梏音諸家竝古酷反案字書梏從手郎古文攪字謂攪擾也然後飛鋋電激流矢雨墜各指所質不期俱殪竄伏扔輪發作梧轊鋋矛也周禮曰王弓以授射甲革椹質者鄭玄云質正也正音征扔音人證反聲類曰扔摧也言爲輪所摧也梧支梧也音悟謂支著車也轊車軸頭也音衞謂車軸觸而殺之祋殳狂擊頭陷顱碎獸不得猭禽不得瞥祋亦殳也音丁外反顱額也音盧猭走也音丑戀反瞥視也協韻音疋例反殳音殊或夷由未殊顛狽頓躓蝡蝡蟫蟫充衢塞隧葩華䓶布不可勝計夷由不行也楚辭曰君不行兮夷由未殊謂未死蝡音而兖反說文曰動也蟫音似林反亦動貌也若夫鷙獸毅蟲倨牙黔口大匈哨後縕巡歐紆負隅依阻莫敢嬰禦爾雅曰駮如馬倨牙食虎豹黔黑也周禮考工記曰大匈燿後有力而不能走鄭玄注曰燿讀曰哨哨小也音稍縕巡竝行貌也縕音於粉反孟子曰有衆逐虎虎負隅莫之敢攖攖迫也禦扞也乃使鄭叔晉婦之徒睽孤

封刺裸裎袒裼

鄭叔鄭莊公弟太叔段也詩鄭風曰太叔于田乘乘馬襢裼暴虎獻于公所孟子曰晉人有馮婦者善搏虎攘臂下車眾皆悅之睽離也孤獨也謂挺身刺獸封亦刺也音苦圭反爾雅曰袒裼肉袒也孟子曰袒裼裸裎於我側說文曰裎裸也其字從衣

冒檿柘搓棘枳窮浚谷底幽嶰暴斥虎搏狂兕獄鬭熊抾封狶

爾雅曰檿山桑也音一染反搓斫也音仕雅反嶰謂山澗也蒼頡篇曰斥大也鬭亦狂也音吉叟反說文曰兕似野牛而青色抾音劫古字通封大也狶猪也虛起反

或輕訬趬悍廋疏嶁領犯歷嵩巒陵喬松履修欗踔攳枝杪標端尾蒼蜼掎玄猨木產盡寓屬單

訬輕捷也音初稍反趬音丘昭反說文曰趬行輕貌廋疏猶搜索也廋音所由反字林曰嶁山巔也音力于反爾雅曰山大而高曰嵩山小而高銳曰巒欗音莫寒反踔跳也音敕教反攳音尋謂長枝也杪音亡小反標音必遙反竝木末也蜼音以棄反爾雅曰蜼卬鼻而長尾郭璞注曰似獼猴而大黃黑色尾長數尺末有兩岐雨則自懸于樹以尾塞鼻零陵南康人呼之音餘建平人呼之音相贈遺之遺也又音余救反皆土俗輕重不同耳掎音居螘反說文曰偏引一足也木產謂巢棲之類也寓屬謂穴居之屬也

罘罔合部罾弋同曲類行竝驅星布麗屬曹伍相保各有分局

罘亦網也相如上林賦曰載雲罘續漢志曰將軍有部部下有曲罾魚網也音增弋繳射也分音扶問反

矰碆飛流纖羅絡縸遊雉羣驚晨鳧輩作翬然雲起霅爾雹落

矰弋矢也碆與磻同音補何反又補佐反說文曰以石著雉繳也絡縸張羅貌也縸與幕通翬飛也音揮霅音素洽反廣雅曰霅雨也言鳥中繳如雹之落

爾乃藾觀高蹈改乘回轅泝恢方撫馮夷策句芒超荒忽出重陽厲雲漢橫

天潢藐遠也音名小反田獵既罷故改乘回轅也左傳曰改乘轅而北之泝上也恢大也馮夷河伯也句芒東方之神也荒忽幽遠也重陽天也雲漢天河也天潢星也導鬼區徑神場詔靈保召方相驅厲疫走蜮祥靈保神巫也楚詞九歌曰思靈保兮賢姱周禮方相氏掌執戈揚楯帥百隸以敺疫洪範五行傳曰蜮射人生於南越謂之短狐詩蟲魚疏曰一名射景如鼈三足今俗謂之水弩也捎罔兩拂游光枷天狗緤墳羊捎音所交反鄭玄注周禮曰捎除也國語曰木石之怪曰夔罔兩游光神也兄弟八人天狗星名也春秋元命包曰天狗主守財緤繫也音息列反墳羊土之怪其形似羊見家語然後緩節舒容裴回安步降集波籞川衡澤虞矢魚陳罟波籞池籞也前書音義曰籞在池中作室可用棲鳥入則捕之又曰折竹以繩綿連禁禦使人不得往來也周禮川衡掌川澤之禁令澤虞掌國澤之政令也左傳曰魯隱公矢魚于棠矢亦陳也國語曰魯宣公夏濫罟於泗川里革斷其罟而弃之曰古者大寒降水虞於是登川禽而嘗之於廟行諸國助宣氣也今魚方孕又行罟貪無蓺也公曰吾之過也籞音圉茲飛宿沙田開古蠱音冶翬終葵揚關斧刊重冰撥蟄戶測潛鱗踵介旅茲飛卽佽飛也呂氏春秋曰荆人佽飛涉江中流兩蛟繞其船佽飛拔劍赴江刺蛟殺之魯連子曰古善漁者宿沙渠子使漁山側雖十宿沙子不得魚焉宿沙非闇於漁道也彼山者非魚之所生也晏子春秋曰公孫捷田開疆古冶子事景公以勇晏子勸公餽之二桃曰計功而食之公孫捷曰捷持楯而再搏乳虎若捷之功可以食桃田開疆曰吾仗兵而禦三軍者再可以食桃古冶子曰吾嘗濟河黿銜左驂以入砥柱之流吾逆而百步順流九里得黿頭鶴躍而出可以食桃矣二子皆反其桃挈領而死古冶子曰二子死之吾獨生不仁亦挈領而死蠱與冶通翬亦揮也廣雅曰終葵椎也關斧斧名也刊除也踵猶尋也介謂鱗蟲之屬也旅衆也逆獵湍瀨渀薄汾撓淪滅潭淵左挈夔龍右提

蛟鼉春獻王鮪夏薦鼈黿洴音蒲艮反撓奴教反並入水貌也淪滅謂沒於水中也鼉音壇鮪鱣屬也大者爲王鮪小者爲叔鮪禮記季春之月天子始乘舟薦鮪於寢廟季夏之月令漁師取黿也於是流覽徧照殫變極態上下究竟山谷蕭條原野寥愀上無飛鳥下無走獸虞人植旍獵者効具車弊田罷旋入禁囿流覽謂周流觀覽也周禮曰植虞旌以屬禽鄭注曰植猶樹也田止樹旗令獲者皆致其禽也又曰車弊獻禽以享礿注曰車弊車止也寥音力救反愀音七救反亦蕭條貌也棲遲乎昭明之觀休息乎高光之榭以臨乎宏池宏大也鎮以瑤臺純以金堤樹以蒲柳被以綠莎瀇瀁沆漭錯紾槃委天地虹洞固無端涯大明生東月朔西陂純緣也音之尹反蒲亦柳也瀇音胡廣反瀁音養沆音胡朗反漭音莽並水貌也錯紾交結也紾音之忍反委音於危反虹洞相連也虹音胡貢反朔生也禮記曰大明生於東月生於西鄭注曰大明日也言池水廣大日月出於其中也乃命壺涿驅水蠱逐罔螭滅短狐簎鯨鯢周禮壺涿氏掌除水蠱涿音丁角反蠱音公戶反罔謂罔兩也螭龍屬短狐即蜮也簎音七亦反說文曰刺也周禮鼈人掌以時簎魚鼈龜蜃鄭衆注云簎謂以杖刺泥中搏取之然後方餘皇連舼舟張雲帆施蜺幬靡颸風陵迅流發櫂歌縱水謳淫魚出蓍蔡浮湘靈下漢女游方猶並也餘皇吳之船名也見左傳舼小舟也音渠恭反淮南子曰越舼蜀艇不能無水而浮帆音凡幬帳也音直由反颸疾風也音楚疑反武帝秋風詞曰簫鼓鳴兮發櫂歌劉向列女傳曰津吏之女中流奏河激之歌韓詩外傳曰瓠巴鼓琴淫

魚出聽淮南子曰上有叢蓍下有伏龜論語曰臧文仲居蔡注云龜出蔡地故以爲名也湘靈舜妃溺於湘水爲湘夫人也見楚詞漢女漢水之神女詩云漢有游女**水禽鴻鵠鴛鴦鷗鷺鶬鴰鸕鷁鷺雁鷿鷉乃安斯寢戲翺其涯**鴛鴦匹鳥也鷗白鷗也鷺鳧屬也爾雅曰鶬麋鴰今謂之鶬鹿也鴰音括鸕鷁鷀也楊孚異物志云能没於深水取魚而食之不生卵而孕雛於池澤閒既胎而又吐生多者生八九少者生五六相連而出若絲緒焉水鳥而巢高樹之上鷁白鶂也鷺白鷺也鷿音步歷反鷉音梯楊雄方言曰野鳧也甚小好没水中膏可以瑩刀劍寢宿也詩曰乃安斯寢涯水濱也**魴鱮鱏鯿鰋鱧鱨魦樂我純德騰踊相隨雖靈沼之白鳥孟津之躍魚方斯蔑矣**鱮音緒似魴而弱鱗鱏音徐林反口在頷下大者長七八尺鯿音卑連反魴之類也鰋音匽今鰋額白魚也鱨音嘗詩蟲魚疏曰今黃頰魚也魦音沙或作鯊郭義恭廣志曰吹沙魚大如指沙中行詩大雅曰王在靈沼於牣魚躍鄭玄注云靈沼之水魚盈滿其中也皆以跳躍又曰白鳥翯翯肥澤也翯音學言並得其所也尚書中候曰武王度孟津白魚躍入于王舟中也**然猶詠歌於伶簫載陳於方策豈不哀哉**伶樂官也詩國風序曰衞之賢者仕於伶官禮記曰文武之道布在方策又曰百名以上書之於策不滿百名書之於方鄭注云方板也**於是宗廟既享庖廚既充車馬既簡器械既攻**禮記曰天子歲三田一爲乾豆二爲賓客三爲充君之庖**然後擺牲班禽淤賜犒功羣師疊伍伯校千重山罍常滿房俎無空**廣雅曰擺開也字書擺亦捭字也音步買反班固西都賦曰置互擺牲班布也淤與飫同左傳曰加膳則飫賜犒勞也山罍畫爲山文禮記曰山罍夏后氏之樽也又曰周以房俎鄭玄注云房謂足下跗也有似於堂房也**酒正案隊膳夫巡行清醪車湊燔炙**

騎將鼓駭舉爵鐘鳴既觴 周禮酒正中士辯五齊之名三酒之物膳夫上士掌王之食飲膳羞說文曰醪汁滓酒也大雅曰或燔或炙將行也既盡也流俗本爵字作㸑既字作暨皆誤也 若乃陽阿衰斐之晉制闡鼃華羽之南音 淮南子曰歌采菱發陽阿禮記曰嘽諧慢易之音作而人康樂鶡冠子曰南方萬物華羽焉故以調羽也 所以洞蕩匈臆發明耳目疏越蘊慉駭洞底伏 越散也蘊慉猶積聚也慉與畜通侗音洞底伏猶滯伏也呂氏春秋曰昔陰康氏之始陰多滯伏湛積故作爲舞以宣導之此言作樂亦以疏散滯伏之象 鍠鍠鎗鎗奏於農郊大路之衢與百姓樂之 鍠鍠鎗鎗鐘鼓之聲也鍠音橫鎗音惻庚反孟子謂齊宣王曰今王與百姓同其樂則王矣農郊田野也 是以明德耀乎中夏威靈暢乎四荒東鄰浮巨海而入享西旅越蔥嶺而來王南徼因九譯而致貢朔狄屬象胥而來同 入享謂來助祭也孔安國注尚書曰西旅西戎遠國也蔥嶺西域山也西河舊事曰嶺上多蔥因以名焉徼塞之道也九譯爲九重譯語而通中國也尚書大傳曰周成王時越裳氏重九譯而貢白雉朔狄北狄也周禮象胥掌蠻夷戎翟之國使傳王之言而諭說焉以和親之鄭注云通夷狄之言者曰象胥其有才智者也此類之本名東方曰寄南方曰象西方曰狄鞮北方曰譯此官正爲象者周始有南越重譯來貢獻是以名通言語之官爲象胥胥音諝 蓋安不忘危治不忘亂道在乎茲斯固帝王之所以曜神武而折遐衝者也 晏子春秋曰晉平公欲攻齊使范昭觀焉景公觴之范昭曰願請君之弃酌景公曰諾范昭已飲晏子命徹尊更之范昭歸以報晉平公曰齊未可伐也吾欲慙其君而晏子知之仲尼聞之曰起於尊俎之閒而折衝千里之外 方今大漢

收功於道德之林，致獲於仁義之淵，忽蒐狩之禮，闕槃虞之佃。槃樂也。虞與娛同。闇昧不覩日月之光，聾昏不聞雷霆之震，于今十二年，爲日久矣。亦方將刊禁臺之祕藏，發天府之官常，由質要之故業，率典刑之舊章。周禮八法，四曰官常，以聽官理。天府掌祖廟之守藏與其禁令，察羣吏之理。左傳云晉趙盾爲國政，由質要。杜預注曰由用也，質要契券也。刊音苦寒反。宷清原，嘉岐陽，登俊桀，命賢艮，舉淹滯，拔幽荒。清原地在河東聞喜縣北。左傳曰晉蒐于清原，作五軍。又楚椒舉曰周武有孟津之誓，成有岐陽之蒐。禮記月令孟夏命大尉贊桀俊，遂賢艮。左傳楚平王詰姦慝，舉淹滯。杜預注云淹滯，有才德而未敘者也。察淫侈之華譽，顧介特之實功，聘畎畝之羣雅，宗重淵之潛龍。華譽，虛譽也。介特謂孤介特立也。畎畝謂隱於隴畝之中也。司馬相如上林賦曰掩羣雅。音義云謂大雅小雅之人也。潛龍喻賢人隱也。乃儲精山藪，歷思河澤，目矖鼎俎，耳聽康衢，營傅說於胥靡，求伊尹於庖廚，索膠鬲於魚鹽，聽甯戚於大車。矖，視也，音所解反。鼎俎謂伊尹負鼎以干湯也。墨子曰湯舉伊尹於庖廚之中。康衢謂甯戚也。說苑曰甯戚飯牛於康衢，擊車輻而歌碩鼠。傅說代胥靡刑人築於傅巖之野，高宗夢得之。孟子曰膠鬲舉於魚鹽也。俾之昌言而宏議，軼越三家，馳騁五帝，悉覽休祥，總括羣瑞。俾，使也。昌，當也。宏，大也。前書楊雄曰宏言崇議。軼，過也。三家，三皇也。遂棲鳳皇於高梧，宿麒麟於西園，納僬僥之珍羽受王母之白環韓詩外傳曰黃帝時鳳皇止帝東園集帝梧桐食帝竹實尚書中候曰黃帝時麒麟在園帝王記曰堯時僬僥氏來貢沒羽西王母慕舜之德來獻白環永逍遙乎宇內與二儀乎無疆貳造化於后土參神施於昊乾超特達而無儔煥巍巍而無原論語孔子曰堯之爲君煥乎其有文章巍巍乎其有成功豐千億之子孫歷萬載而永延詩大雅曰天錫百祿子孫千億也禮樂既闋北轅反旆至自新城背伊闕反洛京闋止也音苦穴反新城縣屬河南郡今伊闕縣頌奏忤鄧氏滯於東觀十年不得調因兄子喪自劾歸融集云時兄伉子在融舍物故融因是自劾而歸太后聞之怒謂融羞薄詔除欲仕州郡遂令禁錮之融集云時左將奏融道兄子喪自劾而歸離署當免官制曰融典校祕書不推忠盡節而羞薄詔除希望欲仕州郡免官勿罪禁錮六年矣太后崩安帝親政召還郎署復在講部出爲河閒王廄長史時車駕東巡岱宗延光三年融上東巡頌帝奇其文召拜郎中及北鄉侯即位融移病去爲郡功曹陽嘉二年詔舉敦樸城門校尉岑起舉融徵詣公車對策拜議郎續漢書曰融對策於北宮端門大將軍梁商表爲從事中郎轉武都太守時西羌反叛征西將軍馬賢與護羌

校尉胡疇征之而稽久不進融知其將敗上疏乞自効曰今雜種諸羌轉相鈔盜宜及其未并亟遣深入破其支黨而馬賢等處處留滯羌胡百里望塵千里聽聲今逃匿避回漏出其後則必侵寇三輔爲民大害臣願請賢所不可用關東兵五千裁假部隊之號盡力率厲埋根行道㠯先吏士（埋根言不退）三旬之中必克破之臣少習學藝不更武職猥陳此言必受誣罔之辜昔毛遂廝養爲衆所蚩終㠯一言克定從要（毛遂趙平原君趙勝客也居門下三年時平原將與楚合從以毛遂備二十人數其十九人相與笑之比至楚毛遂果按劍與楚定從楚立發兵救趙事見史記廝養賤人也）臣懼賢等專守一城言攻於西而羌出於東且其將士必有高克潰叛之變（左傳曰鄭使高克率師次於河上久而不召師潰而歸高克奔陳）朝廷不能用又陳星孛參畢參西方之宿畢爲邊兵至於分野并州是也（參在申爲晉分并州之地）西戎北狄殆將起乎宜備二方尋而隴西羌反烏桓寇上郡皆卒如融言三遷桓帝時爲南郡太守先是融有事忤大將軍梁冀旨冀

諷有司奏融在郡貪濁免官髡徙朔方自刺不死得赦還復拜議郎重在東觀著述以病去官融才高博洽爲世通儒施養諸生常有千數涿郡盧植北海鄭玄皆其徒也善鼓琹好吹笛達生任性不拘儒者之節居宇器服多存侈飾常坐高堂施絳紗帳前授生徒後列女樂弟子以次相傳鮮有入其室者嘗欲訓左氏春秋及見賈逵鄭衆注乃曰賈君精而不博鄭君博而不精既精既博吾何加焉但著三傳異同說注孝經論語詩易三禮尚書列女傳老子淮南子離騷所著賦頌碑誄書記表奏七言琹歌對策遺令凡二十一篇初融懲於鄧氏不敢復違忤埶家遂爲梁冀艸奏李固又作大將軍西第頌以此頗爲正直所羞年八十八延熹九年卒于家遺令薄葬族孫日磾獻帝時位至太傅三輔決錄注云日磾字翁叔

論曰馬融辭命鄧氏逡巡隴漢之閒將有意於居貞乎隴漢之閒謂客於漢陽時易屯

卦初九曰磐桓利居貞旣而羞曲士之節惜不貲之軀孔子曰曲士不可語於道者束於敎也終曰奢樂恣性黨附成譏固知識能匡欲者鮮矣識性也匡正也夫事苦則矜全之情薄生厚故安存之慮深老子曰人之輕死者以其求生生之厚也是以輕死登高不懼者胥靡之人也前書音義曰胥相也靡隨也謂相隨受刑之人也莊子曰胥靡登高也不懼遺死生也此爲矜全之情薄也坐不垂堂者千金之子也前書鼂錯曰千金之子坐不垂堂此爲安存之慮深也原其大略歸於所安而已矣物我異觀亦更相笑也

馬融傳第五十上

後漢書六十上

蔡邕列傳第五十下　　後漢書六十下

唐章懷太子賢注

蔡邕字伯喈陳留圉人也圉縣故城在今汴州陳留縣東南六世祖勳謝承書曰勳字君嚴好黃老平帝時爲郿令王莽初授吕厭戎連率王莽改隴西郡曰厭戎郡守曰連率勳對印綬仰天歎曰吾策名漢室死歸其正昔曾子不受季孫之賜況可事二姓哉禮記曰曾子有疾童子曰華而睆大夫之簀與曾子曰然斯季孫之賜也我未之能易也元起易簀曾元曰幸而至于旦請敬易之曾子曰爾之愛我也不如彼也君子之愛人也以德細人之愛人也以姑息吾何求哉吾得正而斃焉斯已矣舉扶而易之反席未安而没言雖臨死不失正道也遂攜將家屬逃入深山與鮑宣卓茂等同不仕新室父棱亦有清白行謚曰貞定公邕祖攜碑云攜字叔業有周之胄昔蔡叔没成王命其子仲使踐諸侯之位以國氏姓君其後也君曾祖父勳哀帝時以孝廉爲長安部長及君之身增修厥德順帝時以司空高第遷新蔡長年七十九卒長子棱字伯直處俗孤黨不協于時垂翼華髮入爵不升年五十三卒謚法曰清白守節曰貞純行不差曰定邕性篤孝母常滯病三年邕自非寒暑節變未嘗解襟帶不寢寐者七旬母卒廬于家側動靜吕禮有兔馴擾其室傍又木生連理遠近奇之多往觀焉與叔父從

弟同居三世不分財鄉黨高其義少博學師事太傅胡廣好辭章數術天文妙操音律桓帝時中常侍徐璜左悺等五侯擅恣聞邕善鼓琴遂白天子敕陳留太守督促發遣邕不得已行到偃師稱疾而歸閒居翫古不交當世感東方朔客難及楊雄班固崔駰之徒設疑以自通楊雄作解嘲班固作答賓戲崔駰作達旨乃斟酌羣言韙其是而矯其非韙亦是也作釋誨以戒厲云爾有務世公子誨於華顛胡老曰顛頂也華顛謂白首也新序齊宣王對閭丘卬曰士亦華髮墮顛而後可用耳左傳宋司馬子魚曰雖及胡耇獲則取之杜預注曰胡耇元老之稱蓋聞聖人之大寶曰位故以仁守位以財聚人易曰聖人之大寶曰位何以守位曰仁何以聚人曰財也然則有位斯貴有財斯富行義達道士之司也故伊摯有負鼎之衒仲尼設執鞭之言摯伊尹名也史記曰伊尹欲干湯而無由乃爲有莘媵臣負鼎俎以滋味說湯致於王道衒自媒衒也論語孔子曰行義以達其道又曰富而可求雖執鞭之士吾亦爲之周禮條狼氏下士八人執鞭以辟道也甯子有清商之歌百里有豢牛之事淮南子曰甯戚欲干齊桓公窮困無以自達於是爲商旅將車以適於齊暮宿於郭門飯牛車下望見桓公乃擊牛角而商歌桓公聞之曰異哉歌者非常人也命後車載之三齊記載其歌曰南山矸白石爛生不遭堯與舜禪短布單衣適至骭從昏飯牛薄夜半長夜漫漫何時

且公悅之以爲大夫研音岸骭音戶諫反百里奚虞大夫也史記趙良曰百里奚自鬻於秦衣褐食牛朞年而後穆公知之舉之牛口之下說文曰豢養也夫如是則聖哲之通趣古人之明志也夫子生淸穆之世秉醇和之靈覃思典籍韞櫝六經安貧樂賤與世無營沈精重淵抗志高冥包括無外綜析無形其已久矣會不能拔萃出羣揚芳飛文孟子曰若仲尼者拔乎其萃出乎其類登天庭序彝倫埽六合之穢慝淸宇宙之埃塵連光芒於白日屬炎氣於景雲瑞應圖曰景雲者太平之應也一曰慶雲也時逝歲暮默而無聞小子惑焉是已有云方今聖上寬明輔弼賢知崇英逸偉不墜於地德弘者建宰相而裂土才羨者荷榮祿而蒙賜羨音以戰反本或作美盍亦回塗要至俛仰取容回曲也要音一遙反言履直道則不能有所至也輯當世之利定不拔之功榮家宗於此時遺不滅之令蹤遺猶留也夫獨未之思邪何爲守彼而不通此彼謂貧賤此謂榮祿胡老慠然而笑曰若公子所謂覩曖昧之利而忘昭哲之害專必成之功而忽蹉跌之敗者已公子謏爾斂袂而興曰胡爲其然也謏然翕斂之貌音所

六反胡老曰居吾將釋汝居猶坐也釋解也昔自太極君臣始基太極天地之始也易曰易有太極是生兩
儀有羲皇之洪寍唐虞之至時洪大也三代之隆亦有緝熙五伯扶微
勤而撫之于斯已降天綱縱人紘弛王塗壞太極陁賈逵注國語曰小崩曰陁君臣
士崩上下瓦解淮南子曰武王伐紂左操黃鉞右執白旄而麾之則瓦解而走遂土崩而下於是智者騁詐辯者馳
說武夫奮略戰士講銳講習也電駭風馳霧散雲披變詐乖詭㠯合時
宜或畫一策而綰萬金或談崇朝而錫瑞珪戰國策曰秦昭王見頓弱頓弱曰韓天下之喉咽也魏天下之
匈臆也王資臣萬金而遊之天下可圖也秦王曰善乃資萬金使東游韓魏入其將相北遊燕趙而殺李牧齊王入朝四國畢從頓子說之也史記曰虞卿說趙孝成王一見賜黃金百鎰再見賜
白璧一雙連衡者六印磊落合從者駢組流離連衡謂張儀合從謂蘇秦竝佩六國之印駢竝也組綬也流離光彩貌也
隆貴翕習積富無崖據巧蹈機㠯忘其危夫華離蔕而萎條去幹
而枯女冶容而淫士背道而辜人毀其滿神疾其邪利端始萌害
漸亦牙速速方轂天天是加詩小雅曰速速方穀天天是椓毛萇注云速速陋也鄭玄注云穀祿也言鄙陋小人將貴而得祿也夭殺也椓
破之也韓詩亦同此作轂者蓋謂小人乘寵方轂而行方猶竝也欲豐其屋乃蔀其家易豐卦上六云豐其屋蔀其家王弼注云蔀覆也屋厚覆闇之

甚也蔀音部是故天地否閉聖哲潛形易文言曰天地閉賢人隱石門守晨沮溺耦耕論語曰子路宿於石門晨門曰奚自子路曰自孔氏鄭玄注云石門魯城外門也晨門主晨夜開閉者又曰長沮桀溺耦而耕並隱遁人也顏歜抱璞蘧瑗保生戰國策齊宣王謂顏歜曰願先生與寡人游歜辭曰玉生於山制則毁焉非不寶也然太璞不完士生鄙野選而祿焉非不貴也而形神不全歜願得晚食以當肉安步以當車無罪以當貴清靜以自娛知足以歸反於樸則終身不辱論語孔子曰蘧伯玉邦有道則仕邦無道則可卷而懷之此爲保其生也齊人歸樂孔子斯征雍渠驂乘逝而遺輕論語曰齊人饋女樂季桓子受之三日不朝孔子行史記曰衛靈公與夫人同車宦者雍渠驂乘孔子曰吾未見好德如好色者也於是醜之去衛適曹遺輕謂若弃輕細之物而去言惡之甚也夫豈傲主而背國乎道不可以傾也且我聞之日南至則黃鍾應融風動而魚上冰蕤賓統則微陰萌蒹葭蒼而白露凝月令仲冬律中黃鍾融風艮之風也月令孟春東風解凍魚上冰又仲夏之月律中蕤賓微陰謂一陰爻生也詩秦風曰蒹葭蒼蒼白露爲霜爾雅曰蒹蘼也葭蘆也寒暑相推陰陽代興運極則化理亂相承今大漢紹陶唐之洪烈盪四海之殘災隆隱天之高拆絙地之基絙音古鄧反絙與亘同皇道惟融帝猷顯丕泜泜庶類含甘吮滋泜泜齊貌檢六合之羣品濟之乎雍熙羣僚恭己於職司聖主垂拱乎兩楹君臣穆穆守之以平濟濟多士端委

縉綖端委禮衣也左傳曰太伯端委以持周禮說文曰縉赤白色也綖系綬也音它丁反鴻漸盈階振鷺充庭易曰鴻漸于陸鴻水鳥也漸出于陸喻君子仕進於朝詩曰振振鷺鷺于下注云鷺白鳥也喻絜白之士羣集君之朝也譬猶鍾山之玉泗濱之石累珪璧不爲之盈採浮磬不爲之索山海經曰黃帝取密山之玉策投之鍾山之陽尚書曰泗濱浮磬注曰水中見石可以爲磬言鍾山多玉泗水多石喻漢多賢人索盡也音所格反曩者洪源辟而四隩集武功定而干戈戢獫狁攘而吉甫宴城濮捷而晉凱入辟開也音頻亦反謂禹理洪水而開導之尚書曰四隩既宅隩居也音於六反武功定謂武王伐紂詩周頌曰載戢干戈詩小雅曰薄伐獫狁至於太原吉甫燕喜既多受祉鄭玄注曰吉甫既伐獫狁而歸天子以燕禮樂之也左傳晉與楚戰於城濮楚師敗績故晉凱樂而歸也故當其有事也則蓑笠竝載擐甲揚鋒不給於務蓑音素和反詩小雅曰何蓑何笠毛萇注云荷揭也蓑所以備雨笠所以禦暑擐貫也當其無事也則舒紳緩佩鳴玉以步綽有餘裕夫世臣門子暬御之族詩小雅曰曾我暬御毛萇注云暬御侍御也天隆其祐主豐其祿抱膺從容爵位自從攝須理髯餘官委貴其取進也順傾轉圓不足以喻其便逡巡放屣不足以況其易夫有逸羣之才人人有優贍之智童子不問疑於老成瞳矇不稽謀於先生心恬澹於守高意無爲於持盈老子曰持而盈

之不如其已河上公注云持滿必傾不如止也粲乎煌煌莫非華榮明哲泊焉不失所寍泊猶靜也狂淫
振蕩乃亂其情貪夫殉財夸者死權賈誼服鳥賦之文也言夸華者必死於權埶也瞻仰此事體
躁心煩闇謙盈之效迷損益之數易曰天道虧盈而益謙又曰損益盈虛與時偕行王弼注云自然之質各定其分短者不爲不
足長者不爲有餘損益將何加焉騁駑駘於修路慕騏驥而增驅卑俯乎外戚之門乞
助乎近貴之譽榮顯未副從而顛踣踣音步北反協韻音赴下獲熏胥之辜高受
滅家之誅詩小雅曰若此無罪勳胥以痡勳帥也胥相也痡病也言此無罪之人而使有罪者相帥而病之是其大甚見韓詩前書曰吏遷熏胥以刑音義云謂相熏蒸得罪
也誅協韻音丁注反前車已覆襲軌而騖曾不鑒禍已知畏懼子惟悼哉害其
若是害何也音曷天高地厚跼而蹐之詩小雅曰謂天蓋高不敢不跼謂地蓋厚不敢不蹐怨豈在明患生
不思戰戰兢兢必慎厥尤且用之則行聖訓也舍之則藏至順也
論語孔子曰用則行舍則藏故言聖訓也夫九河盈溢非一凷所防九河謂河水分謂九道爾雅曰徒駭太史馬頰覆鬴胡蘇簡絜鉤般鬲津
是謂九河也帶甲百萬非一勇所抗協韻音苦郎反今子責匹夫已清宇宙庸可已
水旱而累堯湯乎懼煙炎之毀熸何光芒之敢揚哉煙炎煙火之微細者言常懼微細以

致毀滅杜預注左傳曰吳楚之間謂火滅爲熸音子廉反炎音焰且夫地將震而樞星直井無景則日陰食
晏子見伯常騫問曰昔吾見維星絕樞星散地其動乎見晏子春秋陰食謂不顯食也凡日陰食則井無影也元首寬則望舒脁矦王肅則
月側匿望舒月也尚書大傳曰晦而月見西方謂之脁朔而月見東方謂之側匿側匿則矦王肅脁則矦王舒注肅急也舒緩也是㠯君子推微
達著尋端見緒履霜知冰踐露知暑時行則行時止則止消息盈
沖取諸天紀易坤文言曰履霜堅冰至艮卦曰時行則行時止則止豐卦曰天地盈虛與時消息利用遭泰可與處否樂
天知命持神任己羣車方奔乎險路安能與之齊軌思危難而自
豫故在賤而不恥方將騁馳乎典籍之崇塗休息乎仁義之淵藪
前書司馬相如曰游于六藝之囿馳騖乎仁義之塗班固曰肴覈仁義之林藪也槃旋乎周孔之庭宇揖儒墨而與爲
友舒之足㠯光四表收之則莫能知其所有若乃丁千載之運應
神靈之符闓閶闔乘天衢擁華蓋而奉皇樞古今注曰華蓋黃帝所作也與蚩尤戰于涿鹿之野常有五色雲氣金枝玉葉因而作華蓋納玄策於聖德宣太平於中區計合謀從己之圖也勳
績不立予之辜也鼅鳳山翳霧露不除踊躍草萊祇見其愚不我

知者將謂之迂龜鳳喻賢人霧露喻昏闇也迂曲也修業思眞棄此焉如靜㠯俟命不斁不渝斁厭也渝變也百歲之後歸乎其居詩晉風也毛萇注云居墳墓也幸其獲稱天所誘也謂小人妄得稱舉者天之所誘後必遇害也罕漫而已非己咎也罕漫猶無所知聞也非君子之咎也昔伯翳綜聲於鳥語葛盧辯音於鳴牛董父受氏於豢龍奚仲供德於衡輈伯翳卽秦之先伯益也能與鳥語見史記葛盧東夷介國之君也介葛盧聘於魯聞牛鳴曰是生三犧皆用之矣問之如其言晉太史蔡墨曰昔有董父實甚好龍能求嗜欲以飲食之以服事帝舜帝賜姓曰董氏曰豢龍竝見左傳奚仲薛之祖也世本曰奚仲作車衡軛也輈轅也倕氏興政於巧工造父登御於驊騮非子享土於善圉狠瞫取右於禽囚倕舜之巧人也見尚書造父者秦之先也爲周穆王御驊騮騄耳之乘非子亦秦之先善養馬周孝王使主馬於汧渭之閒馬大蕃息分土爲附庸邑之於秦竝見史記圉養馬人也見周禮左傳曰戰於殽晉襄公縛秦囚使萊駒以戈斬之囚呼萊駒失戈狠瞫取戈斬之遂以爲車右瞫音舒飪反弓父畢精於筋角佽飛明勇於赴流壽王創基於格五東方要幸於談優弓父弓工也闕子曰宋景公使弓工爲弓九年來見公公曰爲弓亦遲矣對曰臣精盡於弓矣獻弓而歸三日而死公張弓東向而射矢踰西霜之山集彭城之東其餘力逸劲飲羽於石梁呂氏春秋曰荆人佽飛入江斬蛟前書武帝時吾丘壽王字子贛以善格五待制格五今之簺也東方朔以善談笑俳優得幸班固曰朔應諧似優杜預注左傳曰優調戲也上官効力於執蓋弘羊據相於運籌僕不能參跡於若人故抱

璞而優游前書上官桀武帝時爲期門郎從上甘泉大風車不得行解蓋授桀雖風蓋常屬車桀弘羊洛陽賈人也以能心計爲侍中於是公子仰首降階忸怩而避忸怩心慙也忸音女六反怩音尼胡老乃揚衡含笑援琴而歌衡眉目之間也歌曰練余心兮浸太清滌穢濁兮存正靈和液暢兮神氣寧情志泊兮心亭亭嗜欲息兮無由生踔宇宙而遺俗兮眇翩翩而獨征太清謂天也和液謂和氣靈液也亭亭孤峻之貌踔猶越也音丑敎反建寧三年辟司徒橋玄府玄甚敬待之出補河平長召拜郎中校書東觀遷議郎邕以經籍去聖久遠文字多謬俗儒穿鑿疑誤後學熹平四年乃與五官中郎將堂谿典光祿大夫楊賜諫議大夫馬日磾議郎張馴韓說太史令單颺等堂谿姓也先賢行狀曰典字子度潁川人爲西鄂長奏求正定六經文字靈帝許之邕乃自書丹於碑使工鐫刻立於太學門外洛陽記曰太學在洛城南開陽門外講堂長十丈廣一丈堂前石經四部本碑凡四十六枚西行尚書周易公羊傳十六碑存十二碑毀南行禮記十五碑悉崩壞東行論語三碑二碑毀禮記碑上有諫議大夫馬日磾議郎蔡邕名於是後儒晚學咸取正焉及碑始立其觀視及摹寫者車乘日千餘兩塡塞街陌初朝議以州

郡相黨人情比周乃制婚姻之家及兩州人士不得對相監臨至是復有三互法三互謂婚姻之家及兩州人不得交互爲官也謝承書曰史弼遷山陽太守其妻鉅野薛氏女以三互自上轉拜平原相是也禁忌轉密選用艱難幽冀二州久缺不補邕上疏曰伏見幽冀舊壤鎧馬所出鎧甲也周禮考工記曰燕無函函亦甲也言幽燕之地家家皆能爲函故無函匠也左傳曰冀之北土馬之所生比年兵飢漸至空耗今者百姓虛縣萬里蕭條縣音玄闕職經時吏人延屬而三府選舉踰月不定臣經怪其事而論者云避三互十一州有禁當取二州而已又二州之士或復限以歲月狐疑遲淹以失事會愚以爲三互之禁禁之薄者今但申以威靈明其憲令在任之人豈不戒懼而當坐設三互自生留閡邪昔韓安國起自徒中朱買臣出於幽賤並以才宜還守本邦前書安國字長孺梁人坐法抵罪居無幾天子使使者拜安國爲梁內史起徒中爲二千石買臣字翁子吳人家貧負薪賣以給食歌謳道中後拜會稽太守又張敞亡命擢授劇州豈復顧循三互繫以末制乎前書敞字子高河東人也爲京兆尹坐與楊惲厚善制免爲庶人從闕下亡命數月冀州部有大賊天子思敞功使使者召拜爲冀州刺史三公明知二州之要

所宜速定當越禁取能㠯救時敝而不顧爭臣之義苟避輕微之科選用稽滯㠯失其人臣願陛下上則先帝蠲除近禁其諸州刺史器用可換者無拘日月三互㠯差厥中書奏不省初帝好學自造皇羲篇五十章因引諸生能爲文賦者本頗以經學相招後諸爲尺牘及工書鳥篆者皆加引召遂至數十人說文曰牘書版也長一尺藝文志曰六體者古文奇字篆書隸書繆篆蟲書音義曰古文謂孔子壁中書也奇字卽古文而異者也篆書謂小篆蓋秦始皇使程邈所作也隸書亦程邈所獻主於徒隸從簡易也繆篆謂其文屈曲纏繞所以摹印章也蟲書謂爲蟲鳥之形所以書旛信也侍中祭酒樂松賈護多引無行趣埶之徒竝待制鴻都門下憙陳方俗閭里小事帝甚悅之待㠯不次之位又市賈小民爲宣陵孝子者復數十人悉除爲郎中太子舍人時頻有雷霆疾風傷樹拔木地震隕雹蝗蟲之害又鮮卑犯境役賦及民六年七月制書引咎誥羣臣各陳政要所當施行邕上封事曰臣伏讀聖旨雖周成遇風訊諸執事宣王遭旱密勿祇畏無㠯或加尚書金縢曰秋

大孰不穫天大雷電以風王乃問諸史百執事詩大雅雲漢篇序曰宣王遇旱側身修行欲消去之故大夫仍叔作雲漢之詩以美之密勿祇畏言勤勞戒懼也臣聞天降災異緣象而至辟歷數發辟音普歷反史記曰霹靂陽氣之動也殆刑誅繁多之所生也風者天之號令所以教人也翼氏風角曰風者天之號令所以譴告人君者夫昭事上帝則自懷多福詩大雅曰昭事上帝聿懷多福聿遂也懷來也宗廟致敬則鬼神以著國之大事實先祀典左傳曰國之大事在祀與戎天子聖躬所當恭事臣自在宰府及備朱衣宰府謂司徒橋玄府朱衣謂祭官也漢官儀曰漢家赤行齊者絳衣韈韈音文伐反迎氣五郊而車駕稀出四時至敬屢委有司雖有解除猶為疎廢解除猶謝過也故皇天不悅顯此諸異鴻範傳曰政悖德隱厥風發屋折木坤為地道易稱安貞易坤文言曰地道也妻道也其象曰安貞之吉應地無疆陰氣憤盛則當靜反動法為下叛夫權不在上則雹傷物政有苛暴則虎狼食人貪利傷民則蝗蟲損稼去六月二十八日太白與月相迫兵事惡之鮮卑犯塞所從來遠今之出師未見其利上違天文下逆人事誠當博覽眾議從其安者臣不勝憤懣謹條宜所施行七事

表左表左謂陳之於表左也猶今云如左如右

一事明堂月令天子以四立及季夏之節迎五帝於郊天子居明堂各依其月布政故云明堂月令四立謂立春立夏立秋立冬各以其日天子親迎氣於其方并祭其方之帝季夏之末祭中央帝也所以導致神氣祈福豐年清廟祭祀追往孝敬養老辟雍示人禮化皆帝者之大業祖宗所祗奉也而有司數以蕃國疏喪宮內產生及吏卒小汙屢生忌故小汙謂病及死也竊見南郊齋戒未嘗有廢至於它祀輒興異議豈南郊卑而它祀尊哉孝元皇帝策書曰禮之至敬莫重於祭所以竭心親奉以致肅祗者也又元和故事復申先典章帝元和二年制曰山川百神應典禮者尚未咸秩其議修羣祀以祈豐年又宗祀五帝於汶上明堂三年望祀華霍東柴岱宗爲人祈福前後制書推心懇惻而近者以來更任太史忘禮敬之大任禁忌之書拘信小故以虧大典禮妻妾產者齋則不入側室之門無廢祭之文也禮記曰妻將生子及月辰居側室夫使人日再問之夫齋則不入側室之門也所謂宮中有卒三月不祭者謂士庶人數堵之室共處其中耳儀禮曰有死於宮中者則

爲之三月不舉祭豈謂皇居之曠臣妾之衆哉自今齋制宜如故典庶答風霆災妖之異

二事臣聞國之將興至言數聞內知己政外見民情是故先帝雖有聖明之姿而猶廣求得失又因災異援引幽隱重賢良方正敦朴有道之選危言極諫不絕於朝陛下親政已來頻年災異而未聞特舉博選之旨誠當思省述修舊事使抱忠之臣展其狂直以解易傳政悖德隱之言

三事夫求賢之道未必一塗或以德顯或以言揚頃者立朝之士曾不以忠信見賞恆被謗訕之誅遂使羣下結口莫圖正辭郎中張文前獨盡狂言聖聽納受以責三司臣子曠然衆庶解悅漢名臣奏張文上疏其略曰春秋義曰蝗者貪擾之氣所生天意若曰貪狠之人蠶食百姓若蝗食禾稼而擾萬民獸齧人者象暴政若獸而齧人京房易傳曰小人不義而反尊榮則虎食人辟歷殺人亦象暴政妄有喜怒政以賄成刑放於寵推類敘意探指求原皆象羣下貪狠威教妄施或若蝗蟲宜救正衆邪淸審選舉退屛貪暴魯僖公小國諸侯敕政修己斥退邪臣尚獲其報六月甚雨之應豈

況萬乘之主修善求賢宜舉敦朴以輔善政陛下體堯舜之聖秉獨見之明恢太平之業敦經好學流布遠近可翹須臾神慮則可致太平招休徵矣制曰下太尉司徒司空夫瑞不虛至災必有緣朕以不德兼統未明以招祅僞將何以昭顯憲法哉三司任政者也所當夙夜而各拱默訖未有聞將何以奉荅天意救盜我人其各悉心思所崇改務消復之術稱朕意焉臣愚以爲宜擢文右職以勸忠謇右用事之便謂樞要之官宣聲海內博開政路四事夫司隸校尉諸州刺史所以督察姦枉分別白黑者也伏見幽州刺史楊熹益州刺史龐芝涼州刺史劉虔各有奉公疾姦之心熹等所糾其効尤多餘皆枉橈不能稱職或有抱辠懷瑕與下同疾綱網弛縱莫相舉察公府臺閣亦復默然五年制書議遣八使又令三公謠言奏事漢官儀曰三公聽採長吏臧否人所疾苦條奏之是爲舉謠言者也是時奉公者欣然得志邪枉者憂悸失色未詳斯議所因寑息昔劉向奏曰夫執狐疑之計者開羣枉之門養不斷之慮者來讒邪之口語見前書今始聞善政旋復變易足令海內測度朝政宜追定八使糾舉非法更選忠清平章賞罰平和也章明也三公歲盡差其殿最使吏知奉公之福營私之

禍則衆災之原庶可塞矣

五事臣聞古者取士必使諸侯歲貢尚書大傳曰古者諸侯之於天子三年一貢士一適謂之攸好德再適謂之賢賢三適謂之有功注云適猶得也孝武之世郡舉孝廉又有賢良文學之選於是名臣輩出文武並興漢之得人數路而已數路謂孝廉賢良文學之類也夫書畫辭賦才之小者匡國理政未有其能陛下即位之初先涉經術聽政餘日觀省篇章聊以游意當代博奕非以教化取士之本而諸生競利作者鼎沸其高者頗引經訓風喻之言下則連偶俗語有類俳優或竊成文虛冒名氏臣每受詔於盛化門差次錄第其未及者亦復隨輩皆見拜擢既加之恩難復收改但守奉祿於義已弘不可復使理人及仕州郡昔孝宣會諸儒於石渠章帝集學士於白虎通經釋義其事優大文武之道所宜從之若乃小能小善雖有可觀孔子以為致遠則泥君子故當志其大者論語子夏曰雖小道必有可觀者焉致遠恐泥鄭玄注云小道如今諸子書也

泥謂滯陷不通此邑以爲孔子之言當別有所據也

六事墨綬長吏職典理人漢官儀曰秩六百石銅章墨綬也皆當以惠利爲績日月爲勞褒責之科所宜分明而今在任無復能省及其還者多召拜議郎郎中若器用優美不宜處之冗散如有釁故自當極其刑誅豈有伏罪懼考反求遷轉更相放效臧否無章先帝舊典未嘗有此可皆斷絕以覈眞僞

七事伏見前一切以宣陵孝子者爲太子舍人臣聞孝文皇帝制喪服三十六日雖繼體之君父子至親公卿列臣受恩之重皆屈情從制不敢踰越今虛僞小人本非骨肉既無幸私之恩又無祿仕之實惻隱思慕情何緣生而羣聚山陵假名稱孝行不隱心義無所依至有姦軌之人通容其中桓思皇后祖載之時周禮曰喪祝掌大喪及祖飾棺及載遂御之鄭玄注云祖謂將葬祖祭於庭載升柩於車也東郡有盜人妻者亡在孝中本縣追捕乃伏

其辛虛僞雜穢難得勝言又前至得拜後輩被遺或經年陵次已暫歸見漏或以人自代亦蒙寵榮爭訟怨恨凶凶道路太子官屬宜搜選令德豈有但取丘墓凶醜之人其爲不祥莫與大焉宜遣歸田里以明詐僞書奏帝乃親迎氣北郊及行辟雍之禮又詔宣陵孝子爲舍人者悉改爲丞尉焉光和元年遂置鴻都門學畫孔子及七十二弟子像其諸生皆敕州郡三公舉用辟召或出爲刺史太守入爲尚書侍中乃有封侯賜爵者士君子皆恥與爲列焉時妖異數見人相驚擾其年七月詔召邕與光祿大夫楊賜諫議大夫馬日磾議郎張華太史令單颺詣金商門引入崇德殿洛陽記曰南宮有崇德殿太極殿西有金商門也使中常侍曹節王甫就問災異及消改變故所宜施行邕悉心以對事在五行天文志其志今亡續漢志曰光和元年詔問曰連年蝗蟲其咎焉在邕對曰易傳云大作不時天降災厥咎蝗蟲來河圖秘徵篇曰帝貪則政暴吏酷則誅慘生蝗蟲貪苛之所致也又南宮侍中寺雌雞欲化爲雄一身毛皆似雄但頭冠尚未變詔以問邕對曰貌之不恭則有雞禍宣帝黃龍元年未央

宮雌雞化爲雄不鳴無距是歲元帝初即位將立王皇后至初元元年丞相史家雌雞化爲雄距而鳴將是后父禁爲平陽侯女立爲后至哀帝晏駕后攝政王莽以后兄子爲大司馬由是爲亂臣竊推之頭爲元首人君之象今雞一身已變未至於頭而止是將有其事而不遂成之象也若應之不精政無所改頭冠或成爲患茲大也又特詔問曰比災變互生未知厥咎朝廷焦心載懷恐懼每訪羣公卿士庶聞忠言而各存括囊莫肯盡心（括囊喻閉口而不言易曰括囊无咎王弼注云括結也）邕經學深奧故密特稽問宜披露失得指陳政要勿有依違自生疑諱具對經術以皁囊封上（漢官儀曰凡章表皆啓封其言密事得皁囊也）邕對曰臣伏惟陛下聖德允明深悼災咎褒臣末學特垂訪及非臣螻蟻所能堪副斯誠輸寫肝膽出命之秋豈可以顧患避害使陛下不聞至戒哉臣伏思諸異皆亡國之怪也天於大漢殷勤不已故屢出祅變以當譴責欲令人君感悟改危即安今災眚之發不於它所遠則門垣近在寺署其爲監戒可謂至切蜺墮雞化皆婦人干政之所致也前者乳母趙嬈貴重天下（嬈音奴鳥反）生則貲藏侔於天府死則丘墓踰於園陵兩子受封兄

弟典郡續以永樂門史霍玉依阻城社又為姦邪今者道路紛紛復云有程大人者察其風聲將為國患宜高為隄防明設禁令深惟趙霍以為至戒（趙嬈及霍玉也）今聖意勤勤思明邪正而聞太尉張顥為玉所進光祿勳姓璋（姓姓也璋名也漢有姓偉）有名貪濁又長水校尉趙玹（音玄蔡邕集玹作玄）屯騎校尉蓋升並叨時幸榮富優足宜念小人在位之咎退思引身避賢之福（尚書曰君子在野小人在位）伏見廷尉郭禧純厚老成光祿大夫橋玄聰達方直故太尉劉寵忠實守正並宜為謀主數見訪問夫宰相大臣君之四體（謂股肱也）委任責成優劣已分不宜聽納小吏雕琢大臣也（雕琢猶鐫削以成其罪也）又尚方工技之作鴻都篇賦之文可且消息以示惟憂詩云畏天之怒不敢戲豫天戒誠不可戲也宰府孝廉士之高選近者以辟召不慎切責三公而今並以小文超取選舉開請託之門違明王之典眾心不猒莫之敢言（猒伏也音一葉反）臣願陛下忍而絕之

思惟萬機，以答天望。聖朝既自約厲，左右近臣亦宜從化。人自抑損，以塞咎戒，則天道虧滿，鬼神福謙矣。臣以愚贛，感激忘身，敢觸忌諱，手書具對。夫君臣不密，上有漏言之戒，下有失身之禍。易曰：「君不密則失臣，臣不密則失身。」願寢臣表，無使盡忠之吏受怨姦仇。」章奏，帝覽而歎息，因起更衣，曹節於後竊視之，悉宣語左右，事遂漏露。其為邕所裁黜者，皆側目思報。初，邕與司徒劉郃素不相平，叔父衞尉質質字子文，著漢職儀。又與將作大匠楊球有隙。球即中常侍程璜女夫也，璜遂使人飛章言邕、質數以私事請託於郃，郃不聽，邕含隱切，志欲相中。中傷也。於是詔下尚書，召邕詰狀。邕上書自陳曰：「臣被召，問以大鴻臚劉郃前為濟陰太守，臣屬吏張宛長休百日，休，假也。前書音義曰：「吏病滿百日，當免也。」郃為司隸，又託河內郡吏李奇為州書佐，續漢志曰：「書佐主幹文書。」及營護故河南尹羊陟、侍御史胡母班，郃不為用，致怨之狀。邕集其奏曰：「邕屬張宛長休百日，郃假宛五日。復屬河南李奇為書佐，郃不為召。太山黨魁羊陟與邕季父衛尉質對門九族質爲尚書營護阿擁令文書不覺郃被詔書攷胡母班等辭與陟爲黨質及邕頻詣郃問班所及郃不應遂懷怨恨欲必中傷郃制曰下司隸校尉正處上邕集作綦毋班也臣征營怖悸肝膽塗地不知死命所在竊自尋案實屬宛奇不及陟班凡休假小吏非結恨之本與陟姻家豈敢申助私黨如臣父子欲相傷陷當明言臺閣具陳恨狀所緣內無寸事而謗書外發宜㠯臣對與郃參驗臣得㠯學問特蒙褒異執事祕館操管御前姓名貌狀微簡聖心今年七月召詣金商門問㠯災異齎詔申旨誘臣使言齎猶持也與賫通臣實愚贛唯識忠盡出命忘軀不顧後害遂譏刺公卿內及寵臣實欲㠯上對聖問救消災異規爲陛下建康寍之計陛下不念忠臣直言宜加掩蔽誹謗卒至便用疑怪盡心之吏豈得容哉詔書每下百官各上封事欲㠯改政思譴除凶致吉而言者不蒙延納之福旋被陷破之禍今皆杜口結舌㠯臣爲戒誰敢爲陛下盡忠孝乎臣季父質連見拔擢位在上列臣被蒙

恩渥數見訪逮言事者因此欲陷臣父子破臣門戶非復發糾姦伏補益國家者也臣年四十有六孤特一身得託名忠臣死有餘榮恐陛下於此不復聞至言矣臣之愚冗職當咎患但前者所對質不及聞（前在金商門對事之時質爲下邳相故不聞也）而衰老白首橫見引逮隨臣摧沒并入阬埳誠冤誠痛臣一入牢獄當爲楚毒所迫趣以飲章辭情何緣復聞（趣音促飲猶隱卻告人姓名無可對問章者今之表也邕集曰光和元年都官從事張恕以辛卯詔書收邕送雒陽詔獄考吏張靜謂邕曰省君章云欲仇怨未有所施法令無以此詔書又刊章家姓名不得對相指斥考事君學多所見古今如此豈一事乎答曰曉是吏遂飲章爲文書臣賢案俗本有不解飲字或改爲報字或改爲欵並非也）死期垂至冒昧自陳願身當辜戮匄質不并坐（匄乞也）則身死之日更生之年也惟陛下加餐爲百姓自愛於是下邕質於洛陽獄劾以仇怨奉公議害大臣大不敬棄市事奏中常侍呂強愍邕無罪請之帝亦更思其章有詔減死一等與家屬髡鉗徙朔方不得以赦令除楊球使客追路刺邕客感其義皆莫爲用球又賂其部主使加毒害所

賂者反告其情戒邕故每得免焉居五原安陽縣即西安陽縣也故城在今勝州銀城縣邕前在東觀與盧植韓說等撰補後漢記會遭事流離不及得成因上書自陳奏其所著十意猶前書十志也邕別傳曰邕昔作漢記十意未及奏上遭事流離因上書自陳曰臣既到徙所乘塞守烽職在候望憂怖焦灼無心能復操筆成草致章闕廷誠知聖朝不責臣謝但懷愚心有所不竟臣自在布衣常以爲漢書十志下盡王莽而止光武以來唯記紀傳無續志者臣所事師故太傅胡廣知臣頗識其門戶略以所有舊事與臣雖未備悉粗見首尾積累思惟二十餘年不在其位非外吏庶人所得擅述天誘其衷得備著作郎建言十志皆當撰錄會臣被罪逐放邊野恐所懷隨軀朽腐抱恨黃泉遂不設施謹先顛踣科條諸志臣欲刪定者一所當接續者四前志所無臣欲著者五及經典羣書宜捃摭本奏詔書所當依據分別首目并書章左帷陛下留神省察臣謹因臨戎長霍圉封上有律歷意第一禮意第二樂意第三郊祀意第四天文意第五車服意第六分別首目連置章左帝嘉其才高會明年大赦乃宥邕還本郡邕自徙及歸凡九月焉將就還路五原太守王智餞之酒酣智起舞屬邕邕不爲報屬猶勸也音燭智者中常侍王甫弟也素貴驕慚於賓客詬邕曰徒敢輕我邕拂衣而去智銜之密告邕怨於囚放謗訕朝廷內寵惡之邕慮卒不免乃亡命江海遠跡吳會張騭文士傳曰邕告吳人曰吾昔嘗經會稽高遷亭見屋椽竹東間第十六可以爲笛取用果有異聲伏滔長笛賦序云柯亭之觀以竹爲椽邕取爲笛奇聲獨絕

也
往來依太山羊氏積十二年在吳吳人有燒桐以爨者邕聞火烈之聲知其良木因請而裁爲琴果有美音而其尾猶焦故時人名曰焦尾琴焉（傅玄琴賦序曰齊桓公有鳴琴曰號鍾楚莊有鳴琴曰繞梁司馬相如綠綺蔡邕有焦尾皆名器也）初邕在陳留也其鄰人有以酒食召邕者比往而主以酣焉客有彈琴於屏邕至門試潛聽之曰憘（歎聲也音僖）以樂召我而有殺心何也遂反將命者告主人曰蔡君向來至門而去邕素爲邦鄉所宗主人遽自追而問其故邕具以告莫不憮然（憮猶怪也音武）彈琴者曰我向鼓琴見螳蜋方向鳴蟬蟬將去而未飛螳螂爲之一前一卻吾心聳然惟恐螳蜋之失之也此豈爲殺心而形於聲者乎邕莞然而笑曰（莞笑貌也音胡板反）此足以當之矣中平六年靈帝崩董卓爲司空聞邕名高辟之稱疾不就卓大怒詈曰我力能族人蔡邕遂偃蹇者不旋踵矣又切敕州郡舉邕詣府邕不得已到署祭酒甚見敬重舉高第補侍御史又轉

持書御史遷尚書三日之閒周歷三臺遷巴郡太守復留爲侍中初平元年拜左中郎將從獻帝遷都長安封高陽鄉侯董卓賓客部曲議欲尊卓比太公稱尚父卓謀之於邕邕曰太公輔周受命翦商故特爲其號今明公威德誠爲巍巍然比之尚父愚意以爲未可宜須關東平定車駕還反舊京然後議之卓從其言初平二年六月地震卓以問邕邕對曰地動者陰盛侵陽臣下踰制之所致也前春郊天公奉引車駕乘金華青蓋爪畫兩轓遠近以爲非宜續漢志曰乘輿大駕公卿奉引皇太子皇子皆安車朱輪青蓋金華爪畫轓廣雅轓箱也卓於是改乘皂蓋車續漢志曰中二千石二千石皆皂蓋朱兩轓卓重邕才學厚相遇待每集讌輒令邕鼓琴贊事邕亦每存匡益然卓多自很用邕恨其言少從謂從弟谷曰董公性剛而遂非終難濟也吾欲東奔兗州若道遠難達且遯逃山東以待之何如谷曰君狀異恆人每行觀者盈集以此自匿不亦難乎邕乃止及

卓被誅邕在司徒王允坐殊不意言之而歎有動於色允勃然叱之曰董卓國之大賊幾傾漢室君爲王臣所宜同忿而懷其私遇㠯忘大節今天誅有罪而反相傷痛豈不共爲逆哉卽收付廷尉治罪邕陳辭謝乞黥首刖足繼成漢史士大夫多矜救之不能得太尉馬日磾馳往謂允曰伯喈曠世逸才多識漢事當續成後史爲一代大典且忠孝素著而所坐無名誅之無乃失人望乎允曰昔武帝不殺司馬遷使作謗書流於後世凡史官記事善惡必書謂遷所著史記但是漢家不善之事皆爲謗也非獨指武帝之身卽高祖善家令之言武帝筭緡榷酤之類是也班固集云司馬遷著書成一家之言至以身陷刑故微文刺譏貶損當世非誼士也方今國祚中衰神器不固不可令佞臣執筆在幼主左右既無益聖德復使吾黨蒙其訕議日磾退而告人曰王公其不長世乎善人國之紀也制作國之典也滅紀廢典其能久乎邕遂死獄中允悔欲止而不及時年六十一搢紳諸儒莫不流涕北海鄭玄聞而歎曰漢世之事

誰與正之兗州陳留閒皆畫像而頌焉其撰集漢事未見錄㠯繼後史適作靈紀及十意又補諸列傳四十二篇因李傕之亂湮沒多不存所著詩賦碑誄銘讚連珠箴弔論議獨斷勸學釋誨敘樂女訓篆埶祝文章表書記凡百四篇傳於世

論曰意氣之感士所不能忘也流極之運有生所共深悲也流極皆放也極音紀力反當伯喈抱鉗扭徙幽裔仰日月而不見照燭臨風塵而不得經過謂迫促之令不得避風塵也其意豈及語平日倖全人哉及解刑衣竄歐越潛舟江壑不知其遠捷步深林尚苦不密但願北首舊丘歸骸先壟又可得乎董卓一旦入朝辟書先下分明枉結信宿三遷謂三日之閒位歷三臺也匡導既申狂僭屢革資同人之先號得北叟之後福易同人卦曰先號咷而後笑北叟塞上叟也其馬亾入胡中人皆弔之叟曰何知非福居數月其馬引胡駿馬而歸人皆賀之叟曰何知非禍及家富馬良其子好騎墮而折髀人皆弔之叟曰何知非福居一年胡夷大入丁壯皆戰死者十九其子獨㠯跛之故子父相保見淮南子也屬其慶者夫豈無懷慶猶恩遇也懷思也荷恩遇者豈不思之乎君子斷刑尚或

爲之不舉左傳鄭伯見虢叔曰夫司寇行戮君爲之不舉杜注云不舉盛饌也況國憲倉卒慮不先圖矜情變容而罰同邪黨執政乃追怨子長謗書流後執政謂王允也放此爲戮放音甫往反未或聞之典刑

贊曰季長戚氏才通情侈苑囿典文流悅音伎侈謂紗帳女樂之類音伎謂鼓琴吹笛之屬也邕實慕靜心精辭綺斥言金商南徂北徙謂對事於金商門指斥而言無隱諱也籍梁懷董名澆身毀籍梁謂融因籍梁冀貴幸爲作西第頌懷董謂邕懷董卓之恩也澆薄也

蔡邕列傳第五十下

後漢書六十下

左周黃列傳第五十一

後漢書六十一

唐章懷太子賢注

左雄字伯豪南郡涅陽人也安帝時舉孝廉稍遷冀州刺史州部多豪族好請託雄常閉門不與交通奏案貪猾二千石無所回忌永建初公車徵拜議郎時順帝新立大臣懈怠朝多闕政雄數言事其辭深切尚書僕射虞詡以雄有忠公節上疏薦之曰臣見方今公卿以下類多拱默以樹恩為賢盡節為愚至相戒曰白璧不可為容容多後福容容猶和同也言不可獨為白玉之清潔當與眾人和同也伏見議郎左雄數上封事至引陛下身遭難戹以為警戒實有王臣蹇蹇之節周公謨成王之風謨謀也即尚書立政無逸篇之類也宜擢在喉舌之官必有匡弼之益由是拜雄尚書再遷尚書令上疏陳曰臣聞柔遠和邇莫大寧人寧人之務莫重用賢用賢之道必存考黜是以皐陶對禹貴在知人安人則

惠黎民懷之尚書皋陶謨之詞也惠愛也黎衆也分伯建侯代位親民民用和穆禮讓㠯興故詩云有渰凄凄興雨祁祁雨我公田遂及我私詩小雅也渰陰雲也凄凄雲興貌祁祁徐也言陰陽和風雨時先雨我公田乃及私田及幽厲昏亂不自爲政詩小雅刺幽王曰不自爲政卒勞百姓褎豔用權七子黨進賢愚錯緒深谷爲陵故其詩云四國無政不用其良又曰哀今之人胡爲虺蜴言人畏吏如虺蜴也褎豔謂褎姒也豔色美也七子皆褎姒之親黨謂皇甫爲卿士仲允爲膳夫家伯爲宰番爲司徒蹶爲趣馬棸子爲內史楀爲師氏也厲王淫於色七子皆用言妻黨盛也四國四方之國也虺蜴之性見人則走哀今之人皆如是傷時政事見詩小雅番音方元反棸音側流反楀音記禹反宗周既滅六國并秦阬儒泯典剗革五等更立郡縣剗削也五等謂諸侯縣設令長郡置守尉什伍相司封豕其民史記商鞅爲秦定變法之令令人什伍而相牧司犯禁相連坐不告姦者腰斬楊雄長楊賦曰秦窫窳其士封豕其人也大漢受命雖未復古然克愼庶官蠲苛救僘悅㠯濟難撫而循之至於文景天下康乂誠由玄靖寬柔克愼官人故也降及宣帝興於仄陋綜覈名實知時所病刺史守相輒親引見考察言行信賞必罰帝乃歎曰民所㠯安而無怨者政平吏

良也與我共此者其唯良二千石乎㠯爲吏數變易則下不安業久於其事則民服教化其有政理者輒㠯璽書勉勵增秩賜金或爵至關内侯公卿缺則㠯次用之是㠯吏稱其職人安其業漢世良吏於兹爲盛故能降來儀之瑞建中興之功（宣帝時鳳皇五至因以紀年）漢初至今三百餘載俗浸彫敝巧偽滋萌下飾其詐上肆其殘典城百里轉動無常各懷一切莫慮長久謂殺害不辜爲威風聚斂整辦爲賢能㠯理己安民爲劣弱㠯奉法循理爲不化髡鉗之戮生於睚眦覆尸之禍成於喜怒視民如寇讎稅之如豺虎（國語曰鬬丹廷見令尹子常與之語問畜貨聚焉歸以語其弟曰楚其亡乎吾見令尹如餓獸豺虎焉殆必亡者也）監司項背相望（項背相望謂前後相顧也背音輩）與同疾疢見非不舉聞惡不察觀政於亭傳責成於期月（期匝也謂一歲）言善不稱德論功不據實虛誕者獲譽拘檢者離毀（離遭也）或因罪而引高或色斯㠯求名（因罪潛遁以求高尚之名也論語曰色斯舉矣言覩前人之顏色也）州宰不覆競共辟召踊躍升騰超等

踰匹或考奏捕案而亡不受罪會赦行賂復見洗滌朱紫同色清濁不分故使姦猾枉濫輕忽去就拜除如流缺動百數鄉官部吏職斯祿薄（斯賤也）車馬衣服一出於民廉者取足貪者充家特選橫調（調徵也）紛紛不絕送迎煩費損政傷民和氣未洽災眚不消咎皆在此今之墨綬猶古之諸侯（墨綬謂令長郎古子男之國也）拜爵王庭輿服有庸（庸常也）而齊於匹豎叛命避負非所以崇憲明理惠育元元也臣愚以為守相長吏惠和有顯效者可就增秩勿使移徙非父母喪不得去官其不從法禁不式王命錮之終身（式用也）雖會赦令不得齒列若被劾奏亡不就法者徙家邊郡以懲其後鄉部親民之吏皆用儒生清白任從政者（任堪也音人林反）寬其負算（負欠也算口錢也儒生未有品秩故寬之）增其秩祿吏職滿歲宰府州郡乃得辟舉如此威福之路塞虛偽之端絕送迎之役損賦斂之源息循理之吏得成其化率土之民各寍其所追配文

宣中興之軌（文帝宣帝也文帝遭呂氏難故亦云中興）流光垂祚永世不刊帝感其言申下有司考其眞僞詳所施行雄之所言皆明達政體而宦豎擅權終不能用自是選代交互令長月易迎新送舊勞擾無已或官寺空曠無人案事每選部劇乃至逃亡永建三年京師漢陽地皆震裂水泉涌出四年司冀復有大水雄推較災異以爲下人有逆上之徵（天鏡經曰大水自平地出破山殺人其國有兵）又上疏言宜密爲備以候不虞尋而青冀揚州盜賊連發數年之閒海內擾亂其後天下大赦賊雖頗解而官猶無備流叛之餘數月復起雄與僕射郭虔共上疏以爲寇賊連年死亡太半一人犯法舉宗羣亡宜及其尚微開令改悔若告黨與者聽除其罪能誅斬者明加其賞書奏並不省又上言宜崇經術繕修太學帝從之陽嘉元年太學新成詔試明經者補弟子增甲乙之科員各十人除京師及郡國耆儒年六十以上爲郎舍人諸

王國郎者百三十八人雄又上言郡國孝廉古之貢士出則宰民宣協風教若其面牆則無所施用孔子曰四十不惑禮稱強仕請自今孝廉年不滿四十不得察舉皆先詣公府諸生試家法（儒有一家之學故稱家法）文吏課牋奏副之端門練其虛實以觀異能以美風俗有不承科令者正其罪法若有茂才異行自可不拘年齒帝從之於是班下郡國明年有廣陵孝廉徐淑（謝承書曰淑字伯進廣陵海西人也寬裕博雅好學樂道隨父愼在京師贊孟氏易春秋公羊禮記周官善誦太公六韜交接英雄常有壯志舉茂才除勃海修令遷琅邪都尉也）年未及舉臺郎疑而詰之對曰詔書曰有如顏回子奇不拘年齒（解見順帝紀）是故本郡以臣充選郎不能屈雄詰之曰昔顏回聞一知十孝廉聞一知幾邪淑無以對乃譴卻郡於是濟陰太守胡廣等十餘人皆坐謬舉免黜唯汝南陳蕃潁川李膺下邳陳球等三十餘人得拜郎中自是牧守畏慄莫敢輕舉迄于永憙察選清平多得其人雄又奏徵海內名儒爲博士使

公卿子弟爲諸生有志操者加其俸祿及汝南謝廉河南趙建年始十二各能通經雄並奏拜童子郎於是負書來學雲集京師初帝廢爲濟陰王乳母宋娥與黄門孫程等共議立帝帝後以娥前有謀遂封爲山陽君邑五千戶又封大將軍梁商子冀襄邑侯雄上封事曰夫裂土封侯王制所重高皇帝約非劉氏不王非有功不侯孝安皇帝封江京王聖等遂致地震之異永建二年封陰謀之功又有日食之變數術之士咸歸咎於封爵今青州飢虛盜賊未息民有乏絶上求稟貸陛下乾乾勞思以濟民爲務宜循古法寧靜無爲以求天意以消災異誠不宜追錄小恩虧失大典帝不聽雄復諫曰臣聞人君莫不好忠正而惡讒諛然而歷世之患莫不以忠正得罪讒諛蒙倖者蓋聽忠難從諛易也夫刑罪人情之所甚惡貴寵人情之所甚欲是以時俗爲忠者少而習諛者多故

令人主數聞其美稀知其過迷而不悟至於危亡臣伏見詔書顧念阿母舊德宿恩欲特加顯賞案尚書故事無乳母爵邑之制唯先帝時阿母王聖爲野王君聖造生讒賊廢立之禍生爲天下所咀嚼死爲海內所歡快桀紂貴爲天子而庸僕羞與爲比者以其無義也夷齊賤爲匹夫而王侯爭與爲伍者以其有德也今阿母躬蹈約儉以身率下羣僚蒸庶莫不向風而與王聖並同爵號懼違本操失其常願臣愚以爲凡人之心理不相遠其所不安古今一也百姓深懲王聖傾覆之禍民萌之命危於累卵常懼時世復有此類怵惕之念未離於心恐懼之言未絕於口乞如前議歲以千萬給奉阿母內足以盡恩愛之歡外可不爲吏民所怪梁冀之封事非機急宜過災戹之運然後平議可否會復有地震緱氏山崩之異雄復上疏諫曰先帝封野王君漢陽地震今封山陽君而

京城復震專政在陰其災尤大臣前後瞽言封爵至重王者可私人㠯財不可㠯官宜還阿母之封㠯塞災異今冀已高讓山陽君亦宜崇其本節雄言數切至娥亦畏懼辭讓而帝戀戀不能已卒封之後阿母遂㠯交遘失爵是時大司農劉據㠯職事被譴召詣尚書傳呼促步又加㠯捶撲雄上言九卿位亞三事班在大臣行有佩玉之節動有庠序之儀（禮記曰公侯佩山玄玉而朱組綬大夫佩水蒼玉而緇組綬）孝明皇帝始有撲罰皆非古典帝從而改之其後九卿無復捶撲者自雄掌納言多所匡肅每有章表奏議臺閣㠯爲故事遷司隸校尉初雄薦周舉爲尚書舉既稱職議者咸稱焉及在司隸又舉故冀州刺史馮直㠯爲將帥而直嘗坐臧受罪舉㠯此劾奏雄雄悅曰吾嘗事馮直之父而又與直善今宣光㠯此奏吾乃是韓厥之舉也由是天下服焉（韓厥韓獻子也國語曰趙宣子舉獻子於靈公以爲司馬河曲之役宣子使人以其乘車干行獻子執而戮之宣子告諸大夫曰可賀我矣吾舉厥也而中吾乃今知）

免於罪矣明年坐法免後復爲尚書永和三年卒

周舉字宣光汝南汝陽人陳留太守防之子防在儒林傳舉姿貌短陋而博學洽聞爲儒者所宗故京師爲之語曰五經從橫周宣光延熹四年辟司徒李郃府時宦者孫程等旣立順帝誅滅諸閻議郎陳禪以爲閻太后與帝無母子恩宜徙別館絕朝見羣臣議者咸以爲宜舉謂郃曰昔鄭武姜謀殺莊公莊公誓之黃泉秦始皇怨母失行久而隔絕後感潁考叔茅焦之言循復子道書傳美之鄭武姜生莊公及共叔段愛叔段謀殺莊公公誓之曰不及黃泉無相見也旣而悔之潁考叔爲潁谷封人曰若掘地及泉隧而相見其誰曰不然公從之遂爲母子如初事見左傳茅焦事解見蘇竟傳也今諸閻新誅太后幽在離宮若悲愁生疾一旦不虞主上將何以令於天下如從禪議後世歸咎明公宜密表朝廷令奉太后率厲羣臣朝覲如舊以厭天心以答人望郃卽上疏陳之明年正月帝乃朝於東宮太后由此以安後長樂少府朱張音丑良反代郃爲司

徒舉猶爲吏時孫程等坐懷表上殿爭功帝怒悉徙封遠縣勑洛陽令促期發遣舉說朱伥曰朝廷在西鍾下時非孫程等豈立朝廷謂順帝也孫程與王康等十八人謀於西鍾下共立濟陰王爲順帝也今雖韓彭吳賈之功何以加諸韓信彭越吳漢賈復也今忘其大德錄其小過如道路夭折帝有殺功臣之譏及今未去宜急表之伥曰今詔怒二尚書已奏其事吾獨表此必致罪譴舉曰明公年過八十位至台輔不於今時竭忠報國惜身安寵欲以何求祿位雖全必陷佞邪之譏諫而獲罪猶有忠貞之名若舉言不足採請從此辭伥乃表諫帝果從之舉後舉茂才爲平丘令平丘縣屬陳留郡上書言當世得失辭甚切正尚書郭虔應賀等見之歎息共上疏稱舉忠直欲帝置章御坐以爲規誡章謂所上之書舉稍遷并州刺史太原一郡舊俗以介子推焚骸有龍忌之禁新序曰晉文公反國介子推無爵遂去而之介山之上文公求之不得乃焚其山推遂不出而焚死事具耿恭傳龍星木之位也春見東方心爲大火懼火之盛故爲之禁火俗傳云子推以此日被焚而禁火至其亡月咸言神

靈不樂舉火由是士民每冬中輒一月寒食莫敢煙爨老小不堪歲多死者舉旣到州乃作弔書以置子推之廟言盛冬去火殘損民命非賢者之意以宣示愚民使還溫食（其事見桓譚新論及汝南先賢傳）於是衆惑稍解風俗頗革轉冀州刺史陽嘉三年司隸校尉左雄薦舉徵拜尚書舉與僕射黃瓊同心輔政名重朝廷左右憚之是歲河南三輔大旱五穀災傷天子親自露坐德陽殿東廂請雨又下司隸河南禱祀河神名山大澤詔書以舉才學優深特下策問曰朕以不德仰承三統（天統地統人統謂之三統事見白虎通）夙興夜寐思協大中（尚書洪範曰建用皇極孔安國注云皇大也極中也言立大中之道而行之也）頃年以來旱災屢應稼穡焦枯民食困乏五品不訓王澤未流（五品五常之教也書曰五品不遜汝作司徒敬敷五教在寬訓即遜）羣司素餐據非其位審所貶黜變復之徵厥効何由分別具對勿有所諱舉對曰臣聞易稱天尊地卑乾坤定矣二儀交構乃生萬物萬物之中以人爲貴故聖人養之

㠯君成之㠯化順四時之宜適陰陽之和使男女婚娶不過其時包之㠯仁恩導之㠯德敎示之㠯災異訓之㠯嘉祥此先聖承乾養物之始也夫陰陽閉隔則二氣否塞二氣否塞則人物不昌人物不昌則風雨不時風雨不時則水旱成災陛下處唐虞之位未行堯舜之政近廢文帝光武之法而循亡秦奢侈之欲內積怨女外有曠夫今皇嗣不興東宮未立傷和逆理斷絕人倫之所致也非但陛下行此而已豎宦之人亦復虛㠯形埶威侮良家取女閉之至有白首歿無配偶逆於天心歿終也昔武王入殷出傾宮之女帝王紀曰武王入殷命召公釋箕子之囚表商容之閭出傾宮之女於諸侯成湯遭災㠯六事剋己帝王紀曰湯伐桀後大旱七年洛川竭使人持三足鼎祝於山川曰政不節邪使人疾邪苞苴行邪讒夫昌邪宮室榮邪女謁行邪何不雨之極也魯僖遇旱而自責祈雨解見楊厚傳皆㠯精誠轉禍爲福自枯旱㠯來彌歷年歲未聞陛下改過之効徒勞至尊暴露風塵誠無益也又下州郡祈神致請昔齊有大旱

景公欲祀河伯晏子諫曰不可夫河伯㠯水爲城國魚鼈爲民庶水盡魚枯豈不欲雨自是不能致也晏子春秋之文陛下所行但務其華不尋其實猶緣木求魚却行求前緣木求魚見孟子之文韓詩外傳曰夫明鏡所以照形往古所以知今夫惡知往古之所以危亡無異却行而求逮於前人也誠宜推信革政崇道變惑出後宮不御之女理天下冤枉之獄除大官重膳之費夫五品不訓責在司徒有非其位宜急黜斥臣自藩外擢典納言學薄智淺不足㠯對易傳曰陽感天不旋曰易稽覽圖之文也解見郎顗傳也惟陛下留神裁察因召見舉及尚書令成翊世僕射黃瓊問㠯得失舉等並對㠯爲宜慎官人去斥貪汙離遠佞邪循文帝之儉尊孝明之教則時雨必應帝曰百官貪汙佞邪者爲誰乎舉獨對曰臣從下州超備機密不足㠯別羣臣別音彼列反然公卿大臣數有直言者忠貞也阿諛苟容者佞邪也司徒視事六年未聞有忠言異謀愚心在此其後㠯事免司徒劉崎遷舉司隸校尉

永和元年災異數見省內惡之詔召公卿中二千石尚書詣顯親殿問曰言事者多矣昔周公攝天子事及薨成王欲以公禮葬之天爲動變及更葬以天子之禮卽有反風之應〔尚書洪範五行傳曰周公死成王不圖大禮故天大雷雨禾偃木拔及成王寤金縢之策改周公之葬尊以王禮申命魯郊而天立復風雨禾稼盡起〕北鄉侯親爲天子而葬以王禮故數有災異宜加尊謚列於昭穆羣臣議者多謂宜如詔旨舉獨對曰昔周公有請命之應隆太平之功故皇天動威以章聖德北鄉侯本非正統姦臣所立立不踰歲年號未改皇天不祐大命夭昬〔杜預注左傳曰短折曰夭未名曰昬〕春秋王子猛不稱崩魯子野不書葬〔子猛周景王之子子野魯襄公之子春秋經書王子猛卒杜元凱注云未卽位故不言崩又曰秋九月癸巳子野卒注曰不書葬未成君也〕今北鄉侯無它功德以王禮葬之於事已崇不宜稱謚災眚之來弗由此也於是司徒黃尚太常桓焉等七十人同舉議帝從之尚字河伯河南郡人也少歷顯位亦以政事稱舉出爲蜀郡太守坐事免大將軍梁商表爲從事

中郎甚敬重焉六年三月上巳日商大會賓客讌于洛水【周官曰女巫掌歲時祓除釁浴鄭玄云如今三月上巳水上之類也司馬彪續漢書曰三月上巳宮人皆絜於東流水上自洗濯祓除爲大絜也】舉時稱疾不往商與親暱酣飲極歡及酒闌倡罷繼以薤露之歌坐中聞者皆爲掩涕【纂文曰薤露今之挽歌也崔豹古今注薤露歌曰薤上露何易晞露晞明朝還復落人死一去何時歸】太僕張种時亦在焉會還以事告舉舉歎曰此所謂哀樂失時非其所也殃將及乎【左傳曰叔孫昭子與宋公語相泣樂祁退而告人曰君與叔孫其皆死乎吾聞之哀樂而樂哀皆喪心也心之精爽是謂魂魄魂魄去之何以能久也】商至秋果薨商疾篤帝親臨幸問以遺言對曰人之將死其言也善臣從事中郎周舉清高忠正可重任也由是拜舉諫議大夫時連有災異帝思商言召舉於顯親殿問以變眚舉對曰陛下初立遵修舊典興化致政遠近肅然頃年以來稍違於前朝多寵倖祿不序德觀天察人準今方古誠可危懼書曰僭恆暘若【尚書洪範之言也孔安國注曰君行僭差則常暘順之也】夫僭差無度則言不從而下不正陽無以制則上擾下竭宜密嚴勑州郡察彊宗大

姦㠯時禽討其後江淮猾賊周生徐鳳等處處並起如舉所陳時詔遣八使巡行風俗皆選素有威名者乃拜舉爲侍中與侍中杜喬守光祿大夫周栩前青州刺史馮羡尚書欒巴侍御史張綱兖州刺史郭遵太尉長史劉班竝守光祿大夫分行天下其刺史二千石有臧罪顯明者驛馬上之墨綬㠯下便輒收舉其有清忠惠利爲百姓所安宜表異者皆㠯狀上於是八使同時俱拜天下號曰八俊舉於是劾奏貪猾表薦公清朝廷稱之遷河內太守徵爲大鴻臚及梁太后臨朝詔㠯殤帝幼崩廟次宜在順帝下太常馬訪奏宜如詔書諫議大夫呂勃㠯爲應依昭穆之序先殤帝後順帝詔下公卿舉議曰春秋魯閔公無子庶兄僖公代立其子文公遂躋僖於閔上孔子譏之書曰有事於太廟躋僖公傳曰逆祀也（事見左氏傳）及定公正其序經曰從祀先公爲萬世法也（左氏傳從祀先公杜預云從順也先公閔公僖

公也將正二公之位親盡故通言先公也今殤帝在先於秩爲父順帝在後於親爲子先後之義不可改昭穆之序不可亂呂勃議是也太后下詔從之遷光祿勳會遭母憂去職後拜光祿大夫建和三年卒朝廷以舉清公亮直方欲以爲宰相深痛惜之乃詔告光祿勳汝南太守曰昔在前世求賢如渴封墓軾閭以光賢哲尚書曰武王入殷封比干墓軾商容閭故公叔見誄翁歸蒙述所以昭忠厲俗作範後昆公叔文子衛大夫也文子卒其子戍請謚於君君曰昔者衛國凶飢夫子爲粥與國之餓者不亦惠乎衛國有難夫子以其死衛寡人不亦貞乎夫子聽衛國之政修其班制不亦文乎謚夫子貞惠文子事見禮記尹翁歸爲右扶風宣帝下詔褒揚賜金百斤班固曰翁歸承封帝揚厥聲故曰蒙述也故光祿大夫周舉性侔夷魚伯夷史魚也忠踰隨管隨會管仲前授牧守及還納言出入京輦有欽哉之績史記堯典曰咨十有二牧欽哉在禁闈有密靜之風予錄乃勳用登九列方欲式序百官亮協三事不永夙終用乖遠圖朝廷愍悼良爲愴然詩不云乎肇敏戎功用錫爾祉詩大雅也肇謀也敏疾也戎汝也錫賜也祉福也其令將大夫以下到喪發日復會弔加賜錢十萬以旌委蛇素

絲之節焉國風羔羊詩羔羊之皮素絲五紽退食自公委蛇委蛇子勰音叶勰字巨勝少尚玄虛以父任爲郎自免歸家父故吏河南召夔爲郡將卑身降禮致敬於勰勰恥交報之因杜門自絕後太守舉孝廉復以疾去時梁冀貴盛被其徵命者莫敢不應唯勰前後三辟竟不能屈後舉賢良方正不應又公車徵玄纁備禮固辭廢疾常隱處竄身慕老聃清淨杜絕人事巷生荊棘十有餘歲至延熹二年乃開門延賓游談宴樂及秋而梁冀誅年終而勰卒時年五十蔡邕以爲知命自勰曾祖父揚至勰孫恂六世一身皆知名云

黃瓊字世英江夏安陸人魏郡太守香之子也香在文苑傳瓊初以父任爲太子舍人辭病不就遭父憂服闋五府俱辟連年不應永建中公卿多薦瓊者於是會稽賀純廣漢楊厚俱公車徵瓊至綸氏稱疾不進綸氏即夏之綸國少康之邑也竹書紀年云楚及秦伐鄭綸氏今洛州故嵩陽縣城是也有司劾不敬詔下

縣㠯禮慰遣遂不得已先是徵聘處士多不稱望李固素慕於瓊乃㠯書逆遺之曰聞已度伊洛近在萬歲亭豈卽事有漸將順王命乎萬歲亭在今洛川故嵩陽縣西北武帝元封元年幸緱氏登太室聞山上呼萬歲聲者三因以名焉蓋君子謂伯夷隘柳下惠不恭故傳曰不夷不惠可否之間論語孔子曰伯夷叔齊不降其志不辱其身謂柳下惠少連降志辱身我則異於是無可無不可鄭玄注云不爲夷齊之清不爲惠連之屈故曰異於是也蓋聖賢居身之所珍也誠遂欲枕山棲谷擬跡巢由斯則可矣若當輔政濟民今其時也自生民㠯來善政少而亂俗多必待堯舜之君此爲志士終無時矣嘗聞語曰嶢嶢者易缺皦皦者易汙陽春之曲和者必寡盛名之下其實難副宋玉對楚襄王問曰客有歌於郢中者爲下里巴人國中屬而和者數千人爲陽春白雪屬而和者不過數百人是其曲彌高其和彌寡近魯陽樊君被徵初至朝廷設壇席猶待神明樊君樊英也事具英傳雖無大異而言行所守亦無所缺而毀謗布流應時折減者豈非觀聽望深聲名太盛乎自頃徵聘之士胡元安薛孟嘗朱仲昭顧季鴻等其功業皆無所採是故

俗論皆言處士純盜虛聲願先生弘此遠謨令眾人歎服一雪此言耳瓊至卽拜議郎稍遷尚書僕射初瓊隨父在臺閣習見故事及後居職達練官曹爭議朝堂莫能抗奪時連有災異瓊上疏順帝曰間者已來卦位錯謬易乾鑿度曰求卦主歲術常以太歲為歲紀歲七十六為一紀二十紀為一蔀首卽置積蔀首歲數加所入紀歲數以三十二除之不足除者以乾坤始數二卦而得一歲未算卽主歲之卦也寒燠相干蒙氣數興日闇月散蒙陰闇也散謂不精明原之天意殆不虛然陛下宜開石室案河洛石室藏書之府河洛圖書之文也外命史官悉條上永建已前至漢初災異與永建已後訖于今日孰為多少又使近臣儒者參考政事數見公卿察問得失諸無功德者宜皆斥黜臣前頗陳災眚幷薦光祿大夫樊英太中大夫薛包及會稽賀純廣漢楊厚未蒙御省伏見處士巴郡黃錯漢陽任棠年皆耆耋有作者七人之志論語曰作者七人注云謂伯夷叔齊虞仲夷逸朱張柳下惠少連宜更見引致助崇大化於是有詔公車徵錯等三年大旱瓊復上疏曰昔魯僖遇旱

以六事自讓躬節儉閉女謁放讒佞者十三人誅稅民受貨者九人春秋考異郵曰僖公之時雨澤不澍比于九月公大驚懼率羣臣禱山川以六過自讓絀女謁放下讒佞郭都之等十三人誅領人之吏受貨賂趙祝等九人曰辜在寡人方今天旱野無生稼寡人當死百姓何謫請以身塞無狀也退舍南郊天立大雨今亦宜顧省政事有所損闕務存質儉以易民聽尚方御府息除煩費明敕近臣使遵法度如有不移示以好惡數見公卿引納儒士訪以政化使陳得失又因徒尚積多致死亡亦足以感傷和氣招降災旱若改敝從善擇用嘉謀則災消福至矣書奏引見德陽殿使中常侍以瓊奏書屬主者施行自帝即位以後不行籍田之禮瓊以國之大典不宜久廢上疏奏曰自古聖帝哲王莫不敬恭明祀增致福祥故必躬郊廟之禮親籍田之勤以先羣萌率勸農功昔周宣王不籍千畝虢文公以為大譏卒有姜戎之難終損中興之名國語曰宣王即位不籍千畝虢文公諫曰夫人之大事在農上帝之粢盛於是乎出故稷為大官古者太史順時覛土農祥晨正日月底于天廟先時九日太史告稷曰陽氣俱蒸土膏其動稷以告王王即齋宮百官御事王耕一墢班三之庶人終于千畝王

（弗聽後師敗績于姜氏之戎璣音扶發反）竊見陛下遵稽古之鴻業，體虔肅以應天順時，奉元懷柔百神，朝夕觸塵埃於道路，晝暮聆庶政以卹人。雖詩詠成湯之不怠遑，書美文王之不暇食，誠不能加。（詩商頌曰不僭不濫不敢怠遑書曰文王至于日中昃不遑暇食也）今廟祀適闋，而祈穀絜齋之事近在明日。臣恐左右之心不欲屢動聖躬，以爲親耕之禮可得而廢。臣聞先王制典，籍田有日，司徒咸戒，司空除壇。先時五日，有協風之應，王卽齋宮，饗醴載耒，誠重之也。自癸巳以來，仍西北風，甘澤不集，寒涼尚結。（西北風曰不周風亦曰厲風見呂氏春秋也）迎春東郊，既不躬親，先農之禮，所宜自勉，以逆和氣，以致時風。（五經通義曰八風者八卦之氣八風以時至則陰陽變化之道成萬物得以時育生之）易曰「君子自强不息」，斯其道也。（乾卦象曰天行健君子以自强不息也）書奏，帝從之。

頃之，遷尚書令。瓊以前左雄所上孝廉之選，專用儒學文吏，於取士之義，猶有所遺，乃奏增孝悌及能從政者爲四科，事竟施行。又雄前議舉吏先試之於公府，又覆之於端門後尚書張盛奏除此科瓊復上言覆試之作將以澄洗清濁覆實虛濫不宜改革帝乃止出爲魏郡太守稍遷太常和平中以選入侍講禁中元嘉元年遷司空桓帝欲褒崇大將軍梁冀使中朝二千石以上會議其禮特進胡廣太常羊溥司隸校尉祝恬太中大夫邊韶等咸稱冀之勳德其制度賚賞以宜比周公錫之山川土田附庸詩魯頌曰王曰叔父建爾元子俾侯於魯啓爾土宇爲周室輔乃命魯公俾侯于東錫之山川土田附庸注云王成王也叔父周公也瓊獨建議曰冀前以親迎之勞增邑三千又其子胤亦加封賞昔周公輔相成王制禮作樂化致太平是以大啓土宇開地七百禮記明堂位曰周公相武王以伐紂武王崩成王幼弱周公踐天子位以理天下七年致政於成王成王以周公有勳勞於天下是以封周公於曲阜地方七百里革車千乘命魯公世世祀周公以天子之禮樂也今諸侯以戶邑爲制不以里數爲限蕭何識高祖於泗水霍光定傾危以興國皆益戶增封以顯其功高祖爲泗上亭長蕭何佐之後拜何爲相國益封五千戶霍光廢昌邑王立宣帝後益封光萬七千戶冀可比鄧禹合食四縣賞賜之差同於霍光使天下知賞必當

功爵不越德朝廷從之冀意㠯爲恨會㠯地動策免復爲太僕永興元年遷司徒轉太尉梁冀前後所託辟召一無所用雖有善人而爲冀所辟舉者亦不加命延熹元年㠯日食免復爲大司農明年梁冀被誅太尉胡廣司徒韓縯司空孫朗皆坐阿附免廢復拜瓊爲太尉㠯師傅之恩而不阿梁氏乃封爲邟鄉侯說文云邟潁川縣也漢潁川有周承休侯國元始二年更名曰邟音亢邑千戶瓊辭疾讓封六七上言旨懇惻乃許之梁冀旣誅瓊首居公位舉奏州郡素行貪汙至死徙者十餘人海內由是翕然望之尋而五侯擅權傾動內外自度力不能匡乃稱疾不起五侯謂左悺徐璜等四年㠯寇賊免其年復爲司空秋㠯地震免七年疾篤上疏諫曰臣聞天者務剛其氣君者務彊其政是㠯王者處高自持不可不安履危任力不可不據夫自持不安則顛任力不據則危故聖人升高據上則㠯德義爲首涉危蹈傾則㠯賢者爲力唐

堯以德化爲冠冕以稷契爲筋力高而益崇動而愈據此先聖所以長守萬國保其社稷者也昔高皇帝應天順民奮劒而王埽除秦項革命創制降德流祚至於哀平而帝道不剛秕政日亂遂使姦佞擅朝外戚專恣所冠不以仁義爲冕所蹈不以賢佐爲力終至顛蹶滅絕漢祚天維陵弛民鬼慘愴賴皇乾眷命炎德復輝光武以聖武天挺繼統興業創基冰泮之上立足枳棘之林泮冰喻危陷枳棘喻艱難擢賢於衆愚之中畫功於無形之世形兆也言未有天下之兆畫或作書也崇禮義於交爭循道化於亂離是自歷高而不傾任力危而不跌興復洪祚開建中興光被八極垂名無窮至於中葉盛業漸衰陛下初從藩國爰升帝位天下拭目謂見太平而卽位以來未有勝政諸梁秉權豎宦充朝重封累職傾動朝廷卿校牧守之選皆出其門羽毛齒革明珠南金之寶殷滿其室殷盛也富擬王府埶回天地言之者必

族附之者必榮忠臣懼死而杜口萬夫怖禍而木舌法言曰金口木舌也塞陛下耳目之明更爲聾瞽之主故太尉李固杜喬忠以直言德以輔政念國亡身隕歿爲報而坐陳國議遂見殘滅坐音才臥反賢愚切痛海內傷懼又前白馬令李雲指言宦官罪穢宜誅皆因衆人之心以救積薪之敝賈誼上疏曰夫抱火厝之積薪之下而寢其上火未及然因謂之安方今之政何以異此也弘農杜衆知雲所言宜行懼雲以忠獲罪故上書陳理之乞同日而死所以感悟國家庶雲獲免而雲既不辜衆又幷坐天下尤痛益以怨結故朝野之人以忠爲諱昔趙殺鳴犢孔子臨河而反夫覆巢破卵則鳳皇不翔刳牲夭胎則麒麟不臻誠物類相感理使其然史記曰孔子將西見趙簡子至於河而聞竇鳴犢舜華之死也臨河而歎曰美哉洋洋乎丘之不濟此命也夫竇鳴犢舜華晉之賢大夫也趙簡子未得志之時須此兩人而後從政及其得志而殺之丘聞刳胎殺夭則麒麟不至郊藪涸澤而漁則蛟龍不處其淵覆巢毀卵則鳳皇不翔何則君子諱傷其類也事亦見孔子家語文也尙書周永昔爲沛令素事梁冀幸其威埶坐事當罪越拜令職見冀將衰乃陽毀示忠遂因姦計

亦取封侯又黃門協邪羣輩相黨自冀興盛腹背相親朝夕圖謀共搆姦軌臨冀當誅無可設巧復記其惡以要爵賞陛下不加清徵審別眞僞復與忠臣竝時顯封使朱紫共色粉墨雜𥇍所謂抵金玉於沙礫抵投也音紙碎珪璧於泥塗四方聞之莫不憤歎昔曾子大孝慈母投杼解見寇榮傳伯奇至賢終於流放說苑曰王國子前母子伯奇後母子伯封後母欲其子立爲太子說王曰伯奇好妾王不信其母曰令伯奇於後園妾過其旁王上臺視之卽可知王如其言伯奇入園後母陰取蜂十數置單衣中過伯奇邊曰蜂螫我伯奇就衣中取蜂殺之王遙見乃逐伯奇也夫讒諛所舉無高而不可升相抑無深而不可淪可不察歟臣至頑駑世荷國恩身輕位重勤不補過然懼於永歿負釁益深敢以垂絕之日陳不諱之言庶有萬分無恨三泉三者數之極一生二二生三三生萬物天地人之極數故以三爲名者取其深之極也其年卒時年七十九贈車騎將軍諡曰忠侯孫琬

琬字子琰少失父早而辯慧祖父瓊初爲魏郡太守建和元年正月日食京師不見而瓊以狀聞太后詔問所食多少瓊思其對而

未知所況琬年七歲在傍曰何不言日食之餘如月之初瓊大驚卽以其言應詔而深奇愛之後瓊爲司徒琬以公孫拜童子郎辭病不就知名京師時司空盛允有疾瓊遣琬候問會江夏上蠻賊事副府副本詔公府也允發書視畢徵戲琬曰江夏大邦而蠻多士少琬奉手對曰蠻夷猾夏責在司空因拂衣辭去允甚奇之稍遷五官中郎將時陳蕃爲光祿勳深相敬待數與議事舊制光祿舉三署郎以高功久次才德尤異者爲茂才四行久次謂久居官次也時權富子弟多以人事得舉而貧約守志者以窮退見遺京師爲之謠曰欲得不能光祿茂才能音乃來反於是琬蕃同心顯用志士平原劉醇河東朱山蜀郡殷參等並以才行蒙舉蕃琬遂爲權富郎所見中傷事下御史中丞王暢侍御史刁韙韙暢素重蕃琬不舉其事而左右復陷以朋黨暢坐左轉議郎而免蕃官琬韙俱禁錮韙字子榮彭城人後

陳蕃被徵而言事者多訟琬復拜議郎遷尚書在朝有鯁直臣節出爲魯東海二郡相性抗厲有明略所在稱神常以法度自整家人莫見墯容焉琬被廢弃幾二十年至光和末太尉楊賜上書薦琬有撥亂之才由是徵拜議郎擢爲青州刺史遷侍中中平初出爲右扶風徵拜將作大匠少府太僕又爲豫州牧時寇賊陸梁州境彫殘琬討擊平之威聲大震政績爲天下表封關內侯及董卓秉政以琬名臣徵爲司徒遷太尉更封陽泉鄉侯卓議遷都長安琬與司徒楊彪同諫不從琬退而駮議之曰昔周公營洛邑以寧姬光武卜東都以隆漢天之所啓神之所安大業既定豈宜妄有遷動以虧四海之望時人懼卓暴怒琬必及害固諫之琬對曰昔白公作亂於楚屈廬冒刃而前新序曰白公勝殺楚惠王王出亡令尹司馬皆死勝拔劍而屬之於屈廬曰子與我將舍子不與我將殺子屈廬曰詩有之曰莫莫葛藟延于條枚愷悌君子求福不回今子殺子叔父而求福與廬也可乎且吾聞之知命之士見利不動臨死則死是謂人臣之禮故上知天命下知臣道其可劫

乎子胡不推之白公勝乃入其劍焉崔杼弑君於齊晏嬰不懼其盟解見馮衍傳吾雖不德誠慕古人之節琬竟坐免卓猶敬其名德舊族不敢害後與楊彪同拜光祿大夫及徙西都轉司隷校尉與司徒王允同謀誅卓及卓將李傕郭汜攻破長安遂收琬下獄死時年五十二

論曰古者諸侯歲貢士進賢受上賞非賢貶爵士升之司馬辯論其才論定然後官之任官然後祿之尚書大傳曰古者諸侯之於天子三年一貢士一適謂之好德再適謂之賢賢三適謂之有功有功者天子賜以車服弓矢號曰命諸侯有不貢士謂之不率正一不適謂之過再不適謂之傲三不適謂之誣誣者天子絀之一絀以爵再絀以地三絀而爵地畢也故王者得其人進仕勸其行經邦弘務所由久矣漢初詔舉賢良方正州郡察孝廉秀才斯亦貢士之方也中興已後復增敦朴有道賢能直言獨行高節質直清白敦厚之屬榮路既廣觖望難裁自是竊名僞服浸以流競權門貴仕請謁繁興自左雄任事限年試才雖頗有不密固亦因識時宜而黃瓊胡廣張衡崔瑗之徒泥滯舊

方互相詭駮循名者屈其短算實者挺其效故雄在尚書天下不敢妄選十餘年間稱爲得人斯亦効實之徵乎順帝始以童弱反政而號令自出知能任使故士得用情天下喁喁仰其風采遂乃備玄纁玉帛以聘南陽樊英天子降寢殿設壇席尚書奉引延問失得急登賢之舉虛降己之禮於是處士鄙生忘其拘儒（拘儒猶褊狹也）拂巾衽褐以企旌車之招矣至乃英能承風俊乂咸事若李固周舉之淵謨弘深左雄黃瓊之政事貞固桓焉楊厚以儒學進崔瑗馬融以文章顯吳祐蘇章种暠欒巴牧民之良幹龐參虞詡將帥之宏規王龔張皓虛心以推士張綱杜喬直道以糾違郎顗陰陽詳密張衡機術特妙東京之士於茲盛焉向使廟堂納其高謀彊埸宣其智力帷幄容其謇辭舉厝稟其成式則武宣之軌豈其遠而（而語辭也論語曰豈不爾思室是遠而）詩云靡不有初鮮克有終可爲恨哉及孝桓之時

碩德繼興（碩大也）陳蕃楊秉處稱賢宰皇甫張段出號名將王暢李膺彌縫衮闕（彌縫猶補合也詩云衮職有闕惟仲山甫補之）朱穆劉陶獻替匡時郭有道獎鑒人倫陳仲弓引道下邑其餘宏儒遠智高心絜行激揚風流者不可勝言而斯道莫振文武陵隊在朝者以正議嬰戮謝事者以黨錮致災往車雖折而來軫方遒（廣雅曰遒急也）所以傾而未顛決而未潰豈非仁人君子心力之爲乎嗚呼

贊曰雄作納言古之八元舉升以彙越自下蕃（彙類也易曰以其彙征吉彙音謂）登朝理政並紓災昬（紓解也音式余反）瓊名夙知累章國疵（疵病也）琬亦早秀位及志差（志意差舛不能遂也差音楚宜反）

左周黃列傳第五十一

金陵書局仿汲古閣本刊

後漢書六十一

荀韓鍾陳列傳第五十二　　後漢書六十二

唐章懷太子賢注

荀淑字季和潁川潁陰人也荀卿十一世孫也卿名況趙人也爲楚蘭陵令著書二十二篇號荀卿子避宣帝諱故改曰孫也少有高行博學而不好章句多爲俗儒所非而州里稱其知人安帝時徵拜郎中後再遷當塗長當塗縣名故城在今宣州去職還鄉里當世名賢李固李膺等皆師宗之及梁太后臨朝有日食地震之變詔公卿舉賢良方正光祿勳杜喬少府房植舉淑對策譏刺貴倖爲大將軍梁冀所忌出補朗陵侯相續漢書曰淑對策譏刺梁氏故出也蒞事明理稱爲神君頃之棄官歸閑居養志產業每增輒以贍宗族知友年六十七建和三年卒李膺時爲尚書自表師喪禮記曰事師無犯無隱左右就養無方服勤至死心喪三年也二縣皆爲立祠有子八人儉緄靖燾汪爽肅專並有名稱時人謂之八龍緄音昆燾音道汪音烏光反說文云汪深廣也俗本改作注非專本或作敷初荀氏舊里名西豪今許州城內西南有荀淑故宅相傳云即舊西

豪里也潁陰令勃海苑康曰爲昔高陽氏有才子八人（左傳曰昔高陽氏有才子八人蒼舒隤敱檮戭大臨尨降庭堅仲容叔達）今荀氏亦有八子故改其里曰高陽里靖有至行不仕年五十而終號曰玄行先生（皇甫謐高士傳曰靖字叔慈少有俊才動止以禮靖弟爽亦以才顯於當時或問汝南許章曰爽與靖孰賢章曰皆玉也慈明外朗叔慈內潤學士惜之詠靖者二十六人潁陰令丘禎追號靖曰玄行先生也）淑兄子昱字伯條曇字元智昱爲沛相曇爲廣陵太守兄弟皆正身疾惡志除閹官其支黨賓客有在二郡者纖罪必誅昱後其大將軍竇武謀誅中官與李膺俱死曇亦禁錮終身

爽字慈明一名諝（音思汝反）幼而好學年十二能通春秋論語太尉杜喬見而稱之曰可爲人師爽遂耽思經書慶弔不行徵命不應潁川爲之語曰荀氏八龍慈明無雙延熹九年太常趙典舉爽至孝拜郎中對策陳便宜曰臣聞之於師曰漢爲火德火生於木木盛於火故其德爲孝（火木之子夏火之位木至夏而盛故爲孝）其象在周易之離夫在地爲火在天

爲日易說卦曰離爲火爲日也在天者用其精在地者用其形夏則火王其精在天溫煖之氣養生百木是其孝也冬時則廢其形在地酷烈之氣焚燒山林是其不孝也故漢制使天下誦孝經選吏舉孝廉平帝時王莽作書八篇戒子孫令學官以教授吏能誦者比孝經音義云言用之得選舉之也夫喪親自盡孝之終也盡謂盡其哀戚今之公卿及二千石三年之喪不得即去殆非所以增崇孝道而克稱火德者也往者孝文勞謙行過乎儉易謙卦九三爻勞謙君子有終吉故有遺詔以日易月此當時之宜不可貫之萬世古今之制雖有損益而諒闇之禮未常改移以示天下莫遺其親遺忘也今公卿羣寮皆政教所瞻而父母之喪不得奔赴夫仁義之行自上而始敦厚之俗以應乎下傳曰喪祭之禮闕則人臣之恩薄背死忘生者衆矣曾子曰人未有自致者必也親喪乎事見論語致猶盡也極也春秋傳曰上之所爲民之歸也左氏傳臧武仲之言夫上所不爲而民或爲之故加刑罰若上之所爲民亦爲之又何誅

焉昔丞相翟方進以自備宰相而不敢踰制至遭母憂三十六日而除前書翟方進爲丞相遭後母憂行服三十六日起視事曰不敢踰國制也夫失禮之源自上而始古者大喪三年不呼其門公羊傳之文也何休注云重奪孝子之恩所以崇國厚俗篤化之道也事失宜正過勿憚改憚難也天下通喪可如舊禮禮記曰三年之喪天下之通喪也臣聞有夫婦然後有父子有父子然後有君臣有君臣然後有上下有上下然後有禮義禮義備則人知所厝矣語見易序卦也夫婦人倫之始王化之端故文王作易上經首乾坤下經首咸恆易乾坤至離爲上經咸恆至未濟爲下經孔子曰天尊地卑乾坤定矣易繫辭也夫婦之道所謂順也堯典曰釐降二女於嬀汭嬪于虞降者下也嬪者婦也言雖帝堯之女下嫁於虞猶屈體降下勤修婦道易曰帝乙歸妹以祉元吉易泰卦六五爻辭也王輔嗣注云婦人謂嫁曰歸泰者陰陽交通之時女處尊位履中居順降身應二帝乙歸妹誠合斯義也案史記紂父名帝乙此文以帝乙爲湯湯名天乙也婦人謂嫁曰歸言湯以娶禮歸其妹於諸侯也春秋之義王姬嫁齊使魯主之不以天子之尊加於諸

侯也公羊傳曰夏單伯逆王姬單伯者何吾大夫之命于天子者何以不稱使天子召而使逆之逆之者何使我主之也曷爲使我主之天子嫁女於諸侯必使同姓諸侯主之何休注云不自爲主尊卑不敵也今漢承秦法設尚主之儀以妻制夫以卑臨尊違乾坤之道失陽唱之義易緯曰陽唱而陰和也孔子曰昔聖人之作易也仰則觀象於天俯則察法於地觀鳥獸之文與天地之宜近取諸身遠取諸物以通神明之德以類萬物之情皆易繫辭之文也今觀法於天則北極至尊四星妃后北極北辰也軒轅四星女主之象也察法於地則崐山象夫卑澤象妻崐猶高也易艮下兌上爲咸艮爲山夫象也兌爲澤妻象也咸感也山澤通氣夫婦之相感也觀鳥獸之文鳥則雄者鳴雊雌能順服獸則牡爲唱導牝乃相從近取諸身則乾爲人首坤爲人腹易說卦之文也遠取諸物則木實屬天根荄屬地荄音該陽尊陰卑蓋乃天性且詩初篇實首關雎禮始冠婚先正夫婦儀禮士冠禮爲始士婚禮次之天地六經其旨一揆宜改尚主之制以稱乾坤之性遵法堯湯式是周孔式法也合之天地而不謬質之鬼神而不疑人事如此則嘉瑞降天吉符出地五韙咸

備各以其敘矣韙是也史記曰休徵曰肅時雨若曰乂時暘若曰哲時燠若曰謀時寒若曰聖時風若五是來備各以其序也昔者聖人建天地之中而謂之禮禮者所以興福祥之本而止禍亂之源也人能枉欲從禮者則福歸之順情廢禮者則禍歸之推禍福之所應知興廢之所由來也眾禮之中婚禮爲首故天子娶十二天之數也諸侯㠯下各有等差事之降也白虎通曰天子娶十二法天則有十二月百物畢生也又曰諸侯一娶九女也陽性純而能施陰體順而能化㠯禮濟樂節宣其氣左傳曰昔晉侯有疾醫和視之曰疾不可爲也是爲近女室疾如蠱非鬼非食惑以喪志公曰女不可近乎對曰節之先王之樂所以節百事也天有六氣過則爲災於是乎節宣其氣也故能豐子孫之祥致老壽之福及三代之季淫而無節瑤臺傾宮陳妾數百列女傳曰夏桀爲琁室瑤臺以臨雲雨紂爲傾宮解見桓帝紀也陽竭於上陰隔於下故周公之戒曰不知稼穡之艱難不聞小人之勞惟耽樂之從時亦罔或克壽是其明戒事見尚書無逸篇其詞與此微有不同也後世之人好福不務其本惡禍不易其軌傳曰截趾適屨孰云其愚何與斯人追欲喪軀誠可痛也適猶從也言喪身之愚甚於截趾也臣竊聞後

宮采女五六千人從官侍使復在其外冬夏衣服朝夕稟糧耗費縑帛空竭府藏徵調增倍十而稅一空賦不辜之民以供無用之女百姓窮困於外陰陽隔塞於內故感動和氣災異屢臻臣愚以爲諸非禮聘未曾幸御者一皆遣出使成妃合一曰通怨曠和陰陽二曰省財用實府藏三曰修禮制綏眉壽四曰配陽施祈螽斯詩曰螽斯羽詵詵兮宜爾子孫振振兮螽斯蚣蝑也其性不妒故能子孫衆多五曰寬役賦安黎民此誠國家之弘利天人之大福也夫寒熱晦明所以爲歲尊卑奢儉所以爲禮故以晦明寒暑之氣尊卑侈約之禮爲其節也易曰天地節而四時成節卦彖辭文也春秋傳曰唯器與名不可以假人杜預注左氏云器謂車服名謂爵號孝經曰安上治民莫善於禮禮者尊卑之差上下之制也昔季氏八佾舞於庭非有傷害困於人物而孔子猶曰是可忍也孰不可忍洪範曰惟辟作威惟辟作福惟辟玉食凡此三者君所獨行而臣不得同也

今臣僭君服下食上珍所謂害于而家凶于而國者也宜略依古禮尊卑之差及董仲舒制度之別（前書董仲舒曰王者正法度之宜別上下之序以防欲也）嚴篤有司必行其命此則禁亂善俗足用之要奏聞卽棄官去後遭黨錮隱於海上又南遁漢濱積十餘年以著述爲事遂稱爲碩儒黨禁解五府並辟司空袁逢舉有道不應及逢卒爽制服三年當世往往化以爲俗時人多不行妻服雖在親憂猶有弔問喪疾者又私諡其君父及諸名士爽皆引據大義正之經典雖不悉變亦頗有改（喪服曰夫爲妻齊縗杖朞禮記曰曾子問三年之喪弔乎孔子曰禮以飾情三年之喪而弔哭不亦虛乎）後公車徵爲大將軍何進從事中郎進恐其不至迎薦爲侍中及進敗而詔命中絕獻帝卽位董卓輔政復徵之爽欲遁命吏持之急不得去因復就拜平原相行至宛陵復追爲光祿勳視事三日進拜司空爽自被徵命及登台司九十五日因從遷都長安爽見董卓忍暴滋甚必危社稷其所

辟舉皆取才略之士將共圖之亦與司徒王允及卓長史何顒等爲內謀會病薨年六十三著禮易傳詩傳尚書正經春秋條例又集漢事成敗可爲鑒戒者謂之漢語又作公羊問及辯讖幷它所論敘題爲新書凡百餘篇今多所亡缺兄子悅彧並知名彧自有傳

論曰荀爽鄭玄申屠蟠俱以儒行爲處士累徵並謝病不詣及董卓當朝復備禮召之蟠玄竟不屈以全其高爽已黃髮矣獨至焉未十旬而取卿相意者疑其乖趣舍余竊商其情以爲出處君子之大致也平運則弘道以求志陵夷則濡跡以匡時（濡跡解見崔駰傳）荀公之急急自勵其濡跡乎不然何爲違貞吉而履虎尾焉（易履卦曰履道坦坦幽人貞吉又曰履虎尾不咥人亨王輔嗣注云履虎尾者言其危也）觀其遜言遷都之議以救楊黃之禍（楊彪黃琬也）及後潛圖董氏幾振國命所謂大直若屈道固逶迤也（老子云大直若屈大巧若拙逶迤曲也）

悅字仲豫儉之子也儉早卒悅年十二能說春秋家貧無書每之人間所見篇牘一覽多能誦記性沈靜美姿容尤好著述靈帝時閹官用權士多退身窮處悅乃託疾隱居時人莫之識唯從弟彧特稱敬焉初辟鎮東將軍曹操府遷黃門侍郎獻帝頗好文學悅與彧及少府孔融侍講禁中旦夕談論累遷祕書監侍中時政移曹氏天子恭己而已悅志在獻替而謀無所用乃作申鑒五篇其所論辯通見政體既成而奏之其大略曰夫道之本仁義而已矣（易曰立人之道曰仁與義）五典以經之羣籍以緯之詠之歌之弦之舞之前監既明後復申之故古之聖王其於仁義也申重而已致政之術先屏四患乃崇五政一曰僞二曰私三曰放四曰奢僞亂俗私壞法放越軌奢敗制四者不除則政末由行矣夫俗亂則道荒雖天地不得保其性矣法壞則世傾雖人主不得守其度矣軌越則禮亡雖聖

人不得全其道矣制敗則欲肆雖四表不得充其求矣 肆放也 是謂四患興農桑以養其性審好惡以正其俗宣文教以章其化立武備以秉其威明賞罰以統其法是謂五政人不畏死不可懼以罪人不樂生不可勸以善雖使契布五教皐陶作士政不行焉 尚書舜謂契曰汝作司徒敬敷五教在寬謂皐陶曰汝作士明于五刑 故在上者先豐人財以定其志帝耕籍田后桑蠶宮 籍田事解見明紀禮記曰季春之月后妃齋戒親東向桑以勸蠶事古者天子諸侯必有公桑蠶室近川而爲之宮仞有三尺也 國無遊人野無荒業財不賈用 言自足也 力不妄加以周人事是謂養生 周給也 君子之所以動天地應神明正萬物而成王化者必乎眞定而已故在上者審定好醜焉善惡要乎功罪毀譽効於準驗聽言責事舉名察實無惑詐僞以蕩衆心故事無不覈物無不功善無不顯惡無不章俗無姦怪民無淫風百姓上下覩利害之存乎己也故肅恭其心愼修其行內不回惑外無異望則民志平矣是謂正俗君子以情

用小人㠯刑用榮辱者賞罰之精華也故禮教榮辱㠯加君子化其情也桎梏鞭撲㠯加小人化其刑也君子不犯辱況於刑乎小人不忌刑況於辱乎若教化之廢推中人而墜於小人之域教化之行引中人而納於君子之塗是謂章化（章明也）小人之情緩則驕驕則恣恣則怨怨則叛危則謀亂安則思欲非威强無㠯懲之故在上者必有武備㠯戒不虞㠯遏寇虐安居則寄之內政有事則用之軍旅（國語齊桓公問管仲曰國安可乎管仲曰未可君若正卒伍修甲兵則大國亦將修之小國設備可作內政而寄軍令焉注云正國政也言修國政而寄軍令鄰國不知）是謂秉威賞罰政之柄也（韓子曰二柄者刑德也殺戮之謂刑慶賞之謂德）明賞必罰審信慎令賞㠯勸善罰㠯懲惡人主不妄賞非徒愛其財也賞妄行則善不勸矣不妄罰非矜其人也罰妄行則惡不懲矣賞不勸謂之止善罰不懲謂之縱惡在上者能不止下爲善不縱下爲惡則國法立矣是謂統法四患既蠲五政又立行之㠯誠守之㠯固簡而不怠疏

而不失無爲爲之使自施之無事事之使自交之（老子曰爲無爲事無事又曰故德交歸也）不肅而成不嚴而化垂拱揖讓而海內平矣是謂爲政之方又言尙主之制非古釐降二女陶唐之典歸妹元吉帝乙之訓王姬歸齊宗周之禮以陰乘陽違天㠯婦陵夫違人違天不祥違人不義又古者天子諸侯有事必告于廟朝有二史左史記言右史書事（禮記曰天子朝日于東門之外聽朔于南門之外閏月則闔門左扉立于其中言則左史書之動則右史書之也）事爲春秋言爲尙書君舉必記善惡成敗無不存焉下及士庶苟有茂異咸在載籍或欲顯而不得或欲隱而名章得失一朝而榮辱千載善人勸焉淫人懼焉（淫過也左氏傳曰或求名而不得或欲蓋而名章書齊豹盜三叛人名以懲不義也）宜於今者備置史官掌其典文紀其行事每於歲盡舉之尙書㠯助賞罰㠯弘法教帝覽而善之帝好典籍常㠯班固漢書文繁難省乃令悅依左氏傳體㠯爲漢紀三十篇詔尙書給筆札辭約事詳論辨多美其序之曰昔在上聖惟

建皇極經緯天地觀象立法乃作書契㠯通宇宙揚于王庭厥用大焉先王光演大業肆于時夏詩周頌曰我求懿德肆于時夏鄭玄注曰懿美也肆陳也我武王也求美德之士而任用之故陳於是夏而歌之也亦惟厥後永世作典夫立典有五志焉一曰達道義二曰章法式三曰通古今四曰著功勳五曰表賢能於是天人之際事物之宜粲然顯著罔不備矣世濟其軌不隕其業濟成也損益盈虛與時消息臧否不同其揆一也漢四百有六載撥亂反正統武興文永惟祖宗之洪業思光啟乎萬嗣聖上穆然惟文之恤瞻前顧後是紹是繼闡崇大猷命立國典於是綴叙舊書㠯述漢紀中興㠯前明主賢臣得失之軌亦足㠯觀矣又著崇德正論及諸論數十篇年六十二建安十四年卒

韓韶字仲黃潁川舞陽人也少仕郡辟司徒府時太山賊公孫舉僞號歷年守令不能破散多爲坐法尚書選三府掾能理劇者乃

以韶爲嬴長（嬴縣故城在今兗州博城縣東北）賊聞其賢相戒不入嬴境餘縣多被寇盜廢耕桑其流入縣界求索衣糧者甚衆韶愍其飢困乃開倉賑之所稟贍萬餘戶主者爭謂不可韶曰長活溝壑之人而以此伏罪含笑入地矣太守素知韶名德竟無所坐以病卒官同郡李膺陳寔杜密荀淑等爲立碑頌焉子融字元長少能辯理而不爲章句學聲名甚盛五府並辟獻帝初至太僕年七十卒

鍾皓字季明潁川長社人也爲郡著姓世善刑律皓少以篤行稱公府連辟爲二兄未仕避隱密山（密縣山也）以詩律教授門徒千餘人同郡陳寔年不及皓皓引與爲友皓爲郡功曹會辟司徒府臨辭太守問誰可代卿者皓曰明府欲必得其人西門亭長陳寔可寔聞之曰鍾君似不察人不知何獨識我皓頃之自劾去前後九辟公府徵爲廷尉正博士林慮長皆不就時皓及荀淑並爲士大夫所

歸慕李膺嘗歎曰荀君清識難尚鍾君至德可師皓兄子瑾母膺之姑也瑾好學慕古有退讓風與膺同年俱有聲名膺祖太尉修常言瑾似我家性邦有道不廢邦無道免於刑戮復以膺妹妻之瑾辟州府未嘗屈志膺謂之曰孟子以為人無是非之心非人也孟子曰人無惻隱之心非人也無羞惡之心非人也無辭讓之心非人也無是非之心非人也弟何期不與孟軻同邪瑾常以膺言白皓皓曰昔國武子好昭人過以致怨本國武子齊大夫齊慶克通於齊君之母國武子知之而責慶克夫人遂譖武子而逐之事見左傳卒保身全家爾道為貴其體訓所安多此類也年六十九終于家諸儒頌之曰林慮懿德非禮不處悅此詩書弦琴樂古五就州招九應台輔逡巡王命卒歲容與皓孫緄建安中為司隸校尉海內先賢傳曰緄字元常郡主簿廸之子也魏志曰舉孝廉為尚書郎辟三府為廷尉正黃門侍郎

陳寔字仲弓潁川許人也出於單微自為兒童雖在戲弄為等類所歸少作縣吏嘗給事厮役後為都亭刺佐而有志好學坐立誦

讀縣令鄧邵試與語奇之聽受業太學後令復召爲吏乃避隱陽城山中時有殺人者同縣楊吏㠯疑寔縣遂逮繫考掠無實而後得出及爲督郵乃密託許令禮召楊吏遠近聞者咸歎服之家貧復爲郡西門亭長尋轉功曹時中常侍侯覽託太守高倫用吏倫教署爲文學掾寔知非其人懷檄請見檄板書謂以高倫之教書之於檄而懷之者懼洩事也言曰此人不宜用而侯常侍不可違寔乞從外署不足㠯塵明德倫從之請從外署之舉不欲陷倫於請託也於是鄉論怪其非舉寔終無所言倫後被徵爲尚書郡中士大夫送至輪氏傳舍輪氏縣名屬潁川郡今故嵩陽縣是倫謂衆人言曰吾前爲侯常侍用吏陳君密持教還而於外白署比聞議者㠯此少之此咎由故人畏憚强禦陳君可謂善則稱君過則稱己者也寔固自引愆聞者方歎息由是天下服其德司空黃瓊辟選理劇補聞喜長旬月㠯朞喪去官復再遷除太丘長太丘縣屬沛國故城在今亳州永城縣西北也修德

淸靜百姓㠯安鄰縣人戶歸附者寔輒訓導譬解發遣各令還本司官行部（司官謂主司之官也）吏慮有訟者白欲禁之寔曰訟㠯求直禁之理將何申其勿有所拘司官聞而歎息曰陳君所言若是豈有怨於人乎亦竟無訟者㠯沛相賦斂違法乃解印綬去吏人追思之及後逮捕黨人事亦連寔餘人多逃避求免寔曰吾不就獄衆無所恃乃請囚焉遇赦得出靈帝初大將軍竇武辟㠯爲掾屬時中常侍張讓權傾天下讓父死歸葬潁川雖一郡畢至而名士無往者讓甚恥之寔乃獨弔焉及後復誅黨人讓感寔故多所全宥寔在鄉閭平心率物其有爭訟輒求判正曉譬曲直退無怨者至乃歎曰寧爲刑罰所加不爲陳君所短時歲荒民儉有盜夜入其室止於梁上寔陰見乃起自整拂呼命子孫正色訓之曰夫人不可不自勉不善之人未必本惡習㠯性成遂至於此梁上君子者是矣

盜大驚自投於地稽顙歸罪寔徐譬之曰視君狀貌不似惡人宜深剋己反善然此當由貧困令遺絹二匹自是一縣無復盜竊太尉楊賜司徒陳耽每拜公卿羣僚畢賀賜等常歎寔大位未登愧於先之及黨禁始解大將軍何進司徒袁隗遣人敦寔（敦勸也）欲特表以不次之位寔乃謝使者曰寔久絕人事飾巾待終而已時三公每缺議者歸之累見徵命遂不起閉門懸車棲遲養老中平四年年八十四卒于家何進遣使弔祭海內赴者三萬餘人制衰麻者以百數共刊石立碑謚爲文範先生（先賢行狀曰將軍何進遣官屬弔祠爲謚）有六子紀諶最賢

紀字元方亦以至德稱兄弟孝養閨門廱和後進之士皆推慕其風及遭黨錮發憤著書數萬言號曰陳子黨禁解四府並命無所屈就遭父憂每哀至輒歐血絕氣雖衰服已除而積毀消瘠殆將

滅性豫州刺史嘉其至行表上尚書圖象百城㠯厲風俗董卓入洛陽乃使就家拜五官中郎將不得已到京師遷侍中出爲平原相往謁卓時欲徙都長安乃謂紀曰三輔平敞四面險固土地肥美號爲陸海（前書曰東方朔曰三輔之地南有江淮北有河渭汧隴以東商洛以西厥壤肥饒此所謂天府陸海之地）今關東兵起恐洛陽不可久居長安猶有宮室今欲西遷何如紀曰天下有道守在四夷（左傳曰楚沈尹戌曰古者天子守在四夷天子卑守在諸侯也）宜修德政㠯懷不附遷移至尊誠計之末者愚㠯公宜事委公卿專精外任其有違命則威之㠯武今關東兵起民不堪命若謙遠朝政率師討伐則塗炭之民庶幾可全若欲徙萬乘㠯自安將有累卵之危崢嶸之險也（累卵解見皇后紀崢音士耕反）卓意甚忤而敬紀名行無所復言時議欲㠯爲司徒紀見禍亂方作不復辦嚴（嚴讀曰裝也）即時之郡璽書追拜太僕又徵爲尚書令建安初袁紹爲太尉讓於紀紀不受拜大鴻臚年七十一卒於官子羣爲魏

司空 羣字長文魏志曰魯國孔融才高倨傲年在羣紀之閒先與羣交更爲紀拜由是顯名也 天下㠯爲公慙卿卿慙長弟諶字季方與紀齊德同行父子並著高名時號三君每宰府辟召常同時旌命羔鴈成羣 古者諸侯朝天子卿執羔大夫執鴈士執雉成羣言衆多也 當世者靡不榮之諶早終 先賢行狀曰豫州百城皆圖畫寔紀諶形像焉

論曰漢自中世㠯下閹豎擅恣故俗遂㠯遁身矯潔放言爲高 放肆其言不拘節制也論語曰隱居放言 士有不談此者則芸夫牧豎已叫呼之矣 叫呼譏笑之也芸除草也 故時政彌惛而其風愈往唯陳先生進退之節必可度也據於德故物不犯安於仁故不離羣行成乎身而道訓天下故凶邪不能㠯權奪王公不能㠯貴驕所㠯聲教廢於上而風俗淸乎下也

贊曰二李師淑陳君友皓韓韶就吏嬴寇懷道太丘輿廣模我彝倫會是淵軌薄夫㠯涫 會之言則也 慶基旣啟有蔚潁濱二方承則八慈繼塵 二方元方季方也荀淑八子皆曰慈爲字見荀氏家傳也

荀韓鍾陳列傳第五十二

金陵書局倣汲古閣本刊

後漢書六十二

李杜列傳第五十三　後漢書六十三

唐章懷太子賢注

李固字子堅漢中南鄭人司徒郃之子也郃在數術傳固貌狀有奇表鼎角匿犀足履龜文鼎角者頂有骨如鼎足也匿犀伏犀也謂骨當額上入髮際隱起也足履龜文者二千石見相書少好學常步行尋師不遠千里謝承書曰固改易姓名杖策驅驢負笈追師三輔學五經積十餘年博覽古今明於風角星算河圖讖緯仰察俯古窮神知變每到太學密入公府定省父母不令同業諸生知是郃子遂究覽墳籍結交英賢四方有志之士多慕其風而來學京師咸歎曰是復爲李公矣言復繼其父爲公也司隸益州並命郡舉孝廉辟司空掾皆不就謝承書曰五察孝廉益州再舉茂才不應五府連辟皆辭以疾陽嘉二年有地動山崩火災之異公卿舉固對策續漢書曰陽嘉二年詔公卿舉敦樸之士衞尉賈建舉固也詔又特問當世之敝爲政所宜固對曰臣聞王者父天母地春秋感精符曰人主日月同明四時合信故父天母地兄日姊月宋均注曰父天於圜丘之祀也母地於方澤之祭也兄日於東郊姊月於西郊寶有山川史記曰魏武侯浮西河而下中河顧而謂吴起曰美哉乎河山之固此魏之寶也吴起對曰在德不在險王道得則陰陽和穆政化乖則崩震爲災斯皆

闕之天心效於成事者也夫化以職成官由能理古之進者有德有命命爵命也言有德者乃可加爵命也今之進者唯財與力伏聞詔書務求寬博疾惡嚴暴而今長吏多殺伐致聲名者必加遷賞其存寬和無黨援者輒見斥逐是以湻厚之風不宣彫薄之俗未革雖繁刑重禁何能有益前孝安皇帝變亂舊典封爵阿母阿母王聖因造妖孽使樊豐之徒乘權放恣侵奪主威改亂嫡嗣謂順帝爲太子時廢爲濟陰王至令聖躬狼狽親遇其艱既拔自困殆殆危也龍興即位天下喁喁屬望風政積敝之後易致中興誠當沛然思惟善道沛然寬廣之意而論者猶云方今之事復同於前臣伏從山草痛心傷臆實以漢興以來三百餘年賢聖相繼十有八主豈無阿乳之恩豈忘貴爵之寵然上畏天威俯案經典知義不可故不封也今宋阿母謂宋娥也雖有大功勤謹之德但加賞賜足以酬其勞苦至於裂土開國實乖舊典聞阿母體性謙虛必有遜

讓陛下宜許其辭國之高使成萬安之福夫妃后之家所以少完全者豈天性當然但以爵位尊顯專總權柄天道惡盈不知自損故至顚仆先帝寵遇閻氏位號太疾故其受禍曾不旋時老子曰其進銳其退速也案孟子有此文謝承書亦云孟子而續漢書復云老子今梁氏戚爲椒房禮所不臣公羊傳曰宋殺其大夫何以不名宋三世無大夫三世內娶也何休注云內娶娶大夫女也言無大夫者三世禮不臣妻之父母國內皆臣無娶道故絕去大夫名正其義也椒房者皇后所居以椒泥塗也尊以高爵尚可然也而子弟羣從榮顯兼加永平建初故事殆不如此宜令步兵校尉冀及諸侍中還居黃門之官使權去外戚政歸國家豈不休乎又詔書所以禁侍中尚書中臣子弟不得爲吏察孝廉者以其秉威權容請託故也而中常侍在日月之側聲埶振天下子弟祿任曾無限極雖外託謙默不干州郡而諂僞之徒望風進舉今可爲設常禁同之中臣昔館陶公主爲子求郎館陶公主光武第三女也明帝不許賜錢千萬所以輕厚賜重薄位者爲官人失才

害及百姓也竊聞長水司馬武宣〔續漢志長水校尉一人比二千石司馬一人千石掌宿衛也〕開陽城門候羊迪等〔續漢志曰城門每門候一人六百石〕無他功德初拜便眞此雖小失而漸壞舊章〔續漢書曰中郎官千石六百石故事先守一歲然後補眞〕先聖法度所宜堅守政教一跌百年不復詩云上帝板板下民卒癉刺周王變祖法度故使下民將盡病也〔板反也卒盡也癉病也詩大雅凡伯刺周厲王反先王之道下人盡病也〕今陛下之有尚書猶天之有北斗也斗爲天喉舌尚書亦爲陛下喉舌〔春秋合誠圖曰天理在斗中司三公也如人喉在咽以理舌語宋均注曰斗爲天之舌口主出政教三公主導宣君命喻於人則宜如人喉在咽以理舌口使言有條理〕斗斟酌元氣運平四時〔春秋保乾圖曰天皇於是斟元陳樞以五易威宋均注曰威則也法也天皇斟元氣陳列樞機受行次之當得也〕尚書出納王命賦政四海〔賦布也〕權尊埶重責之所歸若不平心災眚必至誠宜審擇其人以毗聖政今與陛下共理天下者外則公卿尚書內則常侍黃門譬猶一門之內一家之事安則共其福慶危則通其禍敗刺史二千石外統職事內受法則夫表曲者景必邪源清者流必絜猶叩樹本百枝皆動也周頌曰薄

言振之莫不震曡韓詩薛君傳曰薄辭也振奮也莫無也震動也曡應也美成王能奮舒文武之道而行之則天下無不動而應其政教此言動之於內而應於外者也猶此言之本朝號令豈可蹉跌閒隙一開則邪人動心利競暫啟則仁義道塞刑罰不能復禁化導以之寖壞此天下之紀綱當今之急務陛下宜開石室陳圖書前書曰司馬遷爲太史令紬史記石室金匱之書紬音抽招會羣儒引問得失指擿變象以求天意其言有中理即時施行顯拔其人以表能者則聖聽日有所聞忠臣盡其所知又宜罷退宦官去其權重裁置常侍二人方直有德者省事左右小黃門五人才智閑雅者給事殿中如此則論者厭塞升平可致也臣所以敢陳愚瞽冒昧自聞者儻或皇天欲令微臣覺悟陛下陛下宜熟察臣言憐赦臣死順帝覽其對多所納用即時出阿母還弟舍諸常侍悉叩頭謝罪朝廷肅然以固爲議郎而阿母宦者疾固言直因詐飛章以陷其罪事從中下大司農黃尚等請之於大

將軍梁商又僕射黃瓊救明固事久乃得拜議郎出爲廣漢雒令至白水關解印綬還漢中（梁州記曰關城西南百八十里有白水關昔李固解印綬處也故關城今在梁州金牛縣西）杜門不交人事歲中梁商請爲從事中郎商以后父輔政而柔和自守不能有所整裁災異數見下權日重固欲令商先正風化退辭高滿乃奏記曰春秋褒儀父以開義路（隱公元年三月公及邾儀父盟于眛公羊傳曰儀父者何邾婁之君也何以稱字褒之也曷爲褒之爲其與盟也何休注云春秋王魯託隱公爲受命王因儀父先與隱公盟假以見褒賞義）貶無駭以閉利門（春秋隱公二年經書無駭帥師入極公羊傳曰無駭者何展無駭也何以不氏貶之也曷爲貶疾始滅也）夫義路閉則利門開利門開則義路閉也前孝安皇帝內任伯榮樊豐之屬（伯榮王聖女也）外委周廣謝惲之徒開門受賂署用非次天下紛然怨聲滿道朝廷初立頗存淸靜未能數年稍復墮損左右黨進者日有遷拜守死善道者滯涸窮路（守死善道論語文滯涸窮路以魚爲喻也）而未有改敝立德之方又即位以來十有餘年聖嗣未立羣下繼望可令中宮博簡嬪媵兼採微賤宜子之人進御至尊順助天

意若有皇子母自乳養無委保妾醫巫以致飛燕之禍趙飛燕成帝皇后妹爲昭儀專寵成帝貴人曹偉能等生皇子皆殺之明將軍望尊位顯當以天下爲憂崇尚謙省垂則萬方而新營祠堂費功億計非以昭明令德崇示清儉自數年以來災怪屢見比無雨潤而沈陰鬱泱雲起貌宮省之內容有陰謀孔子曰智者見變思刑愚者覩怪諱名天道無親可爲祗畏祗敬也言天無親疎惟善是與可敬威也書曰皇天無親加近者月食既於端門之側既盡也端門太微宮南門也月者大臣之體也前書李尋等上疏曰月者衆陰之長妃后大臣諸侯之象也夫窮高則危大滿則溢月盈則缺日中則移易豐卦曰日中則昃月盈則食天地盈虛與時消息史記蔡澤謂范睢曰日中則移月滿則虧也凡此四者自然之數也天地之心福謙忌盛易曰鬼神害盈而福謙人道惡盈而好謙又曰見天地之心是以賢達功遂身退老子曰功成名遂身退天之道也全名養壽無有怵迫之憂爲利所誘怵迫於憂勤也怵音息律反或音黜誠令王綱一整道行忠立明公踵伯成之高全不朽之譽莊子曰伯成子高唐虞時爲諸侯至禹去而耕禹往見之則耕在野禹問曰昔堯化天下吾子立爲諸侯堯授舜舜授予子去而耕其故何也子高曰昔堯化天下至公無私不賞而人自勸不罰而人自畏今子賞而不勸罰而不感德自此衰而刑自此作夫子盍行無留吾事俋俋然耕不

（顧亦見呂氏春秋）豈與此外戚凡輩耽榮好位者同日而論哉固狂夫下愚不達大體竊感古人一飯之報（謂靈輒也）況受顧遇而容不盡乎商不能用永和中荊州盜賊起彌年不定乃以固為荊州刺史固到遣吏勞問境內赦寇盜前釁與之更始於是賊帥夏密等斂其魁黨六百餘人自縛歸首固皆原之遣還使自相招集開示威法半歲閒餘類悉降州內清平上奏南陽太守高賜等臧穢賜等懼罪遂共重賂大將軍梁冀冀為千里移檄（言移一日行千里救之急也）而固持之愈急冀遂令徙固為太山太守時太山盜賊屯聚歷年郡兵常千人追討不能制固到悉罷遣歸農但選留任戰者百餘人以恩信招誘之未滿歲賊皆弭散遷將作大匠上疏陳事曰臣聞氣之清者為神人之清者為賢養身者以練神為寶安國者以積賢為道昔秦欲謀楚王孫圉設壇西門陳列名臣秦使懼然遂為寢兵（秦欲伐楚使使者往觀楚之寶器昭

奚恤乃爲壇使客東面自居西面之壇稱曰理百姓實倉廩子西在此奉珪璋使諸侯子方在此守封疆謹境界葉公子高在此理師旅正兵戎司馬子反在此懷霸王之餘義徵治亂之遺風昭奚恤在此惟大國所觀使反言於秦君曰楚多賢臣未可謀也事見新序國語曰楚王孫圉聘於晉趙簡子鳴玉以相問圉曰楚之白珩猶在乎其爲寶也幾何對曰未嘗爲寶也楚人有觀射父能作訓辭以行諸侯有左史倚相道訓典以序百物此楚國之寶也若夫古玉白珩先王之所玩也何寶焉與此所引不同也魏文侯師卜子夏友田子方軾段干木故羣俊競至名過齊桓秦人不敢闚兵於西河斯蓋積賢人之符也魏文侯受經於子夏過段干木閭未嘗不軾也李克曰文侯東得卜子夏田子方段干木此三人者君皆師之又秦欲伐魏或曰魏君賢人是禮國人稱仁上下和合未可圖也事見史記陛下撥亂龍飛初登大位聘南陽樊英江夏黃瓊廣漢楊厚會稽賀純謝承書曰純字仲眞會稽山陰人少爲諸生博極羣蓺十辟公府三舉賢良方正五徵博士四公車徵皆不就後徵拜議郎數陳災異上便宜數百事多見省納遷江夏太守策書嗟歎待㠯大夫之位是㠯巖穴幽人智術之士彈冠振衣樂欲爲用四海欣然歸服聖德厚等在職雖無奇卓然夕惕孳孳志在憂國臣前在荆州聞厚純等㠯病免歸誠㠯悵然爲時惜之一日朝會見諸侍中並皆年少無一宿儒大人可顧問者誠可歎息宜徵還厚等㠯副羣望瓊久處議郎已且十年衆人

後漢六十三　五

皆怪始隆崇今更滯也（隆高也崇重也）光祿大夫周舉才謨高正宜在常伯訪以言議侍中杜喬學深行直當世良臣久託疾病可敕令起又薦陳留楊倫（倫見儒林傳）河南尹存東平王惲陳國何臨（臨字子陵熙之子爲平原太守見百家譜也）清河房植等（植見黨人篇也）是日有詔徵用倫厚等而遷瓊舉以固爲大司農先是周舉等八使按察天下多所劾奏其中並是宦者親屬輒爲請乞詔遂令勿考又舊任三府選令史光祿試尚書郎時皆特拜不復選試固乃與廷尉吳雄上疏以爲八使所糾宜急誅罰選舉署置可歸有司帝感其言乃更下免八使所舉刺史二千石自是稀復特拜切責三公明加考察朝廷稱善乃復與光祿勳劉宣上言曰頃選舉牧守多非其人至行無道侵害百姓又宜止槃遊專心庶政帝納其言於是下詔諸州劾奏守令以下政有乖枉遇人無惠者免所居官其姦穢重罪收付詔獄及沖帝即位以固爲

太尉與梁冀參錄尚書事明年帝崩梁太后以揚徐盜賊盛彊恐驚擾致亂使中常侍詔固等欲須所徵諸王侯到乃發喪固對曰帝雖幼少猶天下之父今日崩亡人神感動豈有臣子反共掩匿乎昔秦皇亡於沙丘（史記曰始皇東巡道病崩于沙丘徐廣曰趙有沙丘宮在鉅鹿也）胡亥趙高隱而不發卒害扶蘇以至亡國（丞相李斯爲始皇崩在外恐諸公子及天下有變乃祕之不發喪獨胡亥趙高等知陰謀破去始皇所封書賜公子扶蘇死而立胡亥爲太子胡亥元年楚漢並起）近北鄉侯薨閻后兄弟及江京等亦共掩祕遂有孫程手刃之事（江京劉安等坐省門下孫程與王康等就斬京安等立順帝也）此天下大忌不可之甚者也太后從之即暮發喪固以清河王蒜年長有德欲立之謂梁冀曰今當立帝宜擇長年高明有德任親政事者願將軍審詳大計察周霍之立文宣（周勃立文帝霍光立宣帝也）戒鄧閻之利幼弱（謂鄧太后立殤帝帝時誕育百餘日二歲而崩又立安帝時年十餘歲閻太后立北鄉侯其年薨又徵諸王子擬擇立之）冀不從乃立樂安王子纘年八歲是爲質帝時冲帝將北卜山陵固乃議曰今處處寇賊軍興用費加倍新創憲陵賦

發非一帝尚幼小可起陵於憲陵塋內依康陵制度（康陵殤帝陵也）其於役費三分減一乃從固議時太后以比遭不造委任宰輔固所匡正每輒從用其黃門宦者一皆斥遣天下咸望遂平而梁冀猜專每相忌疾初順帝時諸所除官多不以次及固在事奏免百餘人此等既怨又希望冀旨遂共作飛章虛誣固罪曰臣聞君不稽古無以承天（書曰粵若稽古帝堯鄭玄注曰稽同也古天也言能同天而行者帝堯）臣不述舊無以奉君昔堯殂之後舜仰慕三年坐則見堯於牆食則覩堯於羹（太公兵法曰帝堯王天下之時金銀珠玉弗服也錦繡文綺弗衣也奇怪異物弗視也玩好之器弗寶也淫佚之樂弗聽也宮垣室屋弗堊色也榱桷柱楹弗藻飾也茅茨之蓋弗翦齊也滋味重累弗食也溫飯煖羹酸餕不易也）斯所謂聿追來孝不失臣子之節者（聿述也詩大雅曰文王烝哉遹追來孝言文王能述追王季勤孝之行也）太尉李固因公假私依正行邪離間近戚自隆支黨至於表舉薦達例皆門徒及所辟召靡非先舊或富室財賂或子壻婚屬其列在官牒者凡四十九人又廣選賈豎以補令史募求好馬臨窗呈試出入踰侈輜

輀曜日大行在殯路人掩涕固獨胡粉飾貌搔頭弄姿西京雜記曰武帝過李夫人就取玉簪搔頭自此宮人搔頭皆用玉槃旋偃仰從容冶步曾無慘怛傷悴之心山陵未成違矯舊政善則稱己過則歸君斥逐近臣不得侍送作威作福莫固之甚臣聞台輔之位實和陰陽璇機不平寇賊姦軌書曰璇機玉衡以齊七政孔安國注曰璇美玉也機衡也王者正天文之器可運轉者也又曰寇賊姦軌注曰羣行攻劫曰寇殺人曰賊在外曰姦在內曰軌則責在太尉續漢志曰太尉掌四方兵事功課歲盡則奏殿最而行賞罰也固受任之後東南跋扈兩州數郡謂九江賊徐鳳馬免等攻燒城邑廣陵賊張嬰等攻殺江都長九江廣陵是荊揚之地故云兩州也千里蕭條兆人傷損大化陵遲而詆疵先主苟肆狂狷存無廷爭之忠沒有誹謗之說夫子罪莫大於累父臣惡莫深於毀君固之過釁事合誅辟據吳祐傳此章馬融之詞書奏冀以白太后使下其事太后不聽得免冀忌帝聰慧恐為後患遂令左右進鴆帝苦煩甚使促召固固入前問陛下得患所由帝尚能言曰食煮餅今腹中悶得水尚可活時冀亦在側曰恐吐不可飲水語未絕而崩固伏

尸號哭推舉侍醫冀慮其事泄大惡之因議立嗣固引司徒胡廣司空趙戒謝承書戒字志伯蜀郡成都人也戒博學明經講授舉孝廉累遷荆州刺史梁商弟讓爲南陽太守恃椒房之寵不奉法戒到州劾奏之遷河間相以冀部難理整厲威嚴遷戒南陽太守糾豪傑恤吏人奏免中官貴戚子弟爲令長貪濁者徵拜爲尚書令出爲河南尹轉拜太常永和六年特拜司空也先與冀書曰天下不幸仍遭大憂皇太后聖德當朝攝統萬機明將軍體履忠孝憂存社稷而頻年之間國祚三絕順帝崩沖帝立一年崩質帝一年崩今當立帝天下重器誠知太后垂心將軍勞慮詳擇其人務存聖明然愚情眷眷竊獨有懷遠尋先世廢立舊儀近見國家踐祚前事未嘗不詢訪公卿廣求羣議令上應天心下合衆望且永初已來政事多謬地震宮廟彗星竟天誠是將軍用情之日傳曰以天下與人易爲天下得人難昔昌邑之立昏亂日滋霍光憂愧發憤悔之折骨昌邑王賀武帝孫昌邑哀王子也昭帝崩霍光立之自非博陸忠勇霍光封博陸侯前書音義曰博大陸平取其嘉名無此縣也食邑北海河東也延年奮發大漢之祀幾將傾矣霍光召丞相已下議曰昌邑王行昏亂恐危社稷如何羣臣皆驚愕失色大司農田延年前離席案劒曰今日之議不得旋踵羣臣後應者皆請劒

斬之於是廢立遂定至憂至重可不熟慮悠悠萬事唯此爲大國之興衰在此一舉冀得書乃召三公中二千石列侯大議所立固廣戒及大鴻臚杜喬皆以爲清河王蒜明德著聞又屬最尊親宜立爲嗣先是蠡吾侯志當取冀妹時在京師冀欲立之衆論既異憤憤不得意而未有以相奪未有別理而易奪之中常侍曹騰等聞而夜往說冀曰將軍累世有椒房之親秉攝萬機賓客縱横多有過差清河王嚴明若果立則將軍受禍不久矣不如立蠡吾侯富貴可長保也冀然其言明日重會公卿冀意氣凶凶而言辭激切自胡廣趙戒以下莫不懾憚之皆曰惟大將軍令而固獨與杜喬堅守本議冀厲聲曰罷會固意既不從猶望衆心可立復以書勸冀冀愈激怒乃說太后先策免固竟立蠡吾侯是爲桓帝後歲餘甘陵劉文魏郡劉鮪各謀立蒜爲天子梁冀因此誣固與文鮪共爲妖言下獄門生勃海王

調貫械上書證固之枉河內趙承等數十人亦要鈇鑕詣闕通訴字林曰鈇鑕椹也鑕音質椹音竹心反太后明之乃赦焉及出獄京師市里皆稱萬歲冀聞之大驚畏固名德終爲己害乃更據奏前事遂誅之時年五十四固臨終勑子孫素棺三寸幅巾殯殮於本郡墝埆之地不得還墓塋汚先公兆域見謝承書也臨終與胡廣趙戒書曰固受國厚恩是已竭其股肱不顧死亡志欲扶持王室比隆文宣文帝宣帝皆羣臣迎立能興漢祚何圖一朝粱氏迷謬公等曲從已吉爲凶成事爲敗乎漢家衰微從此始矣公等受主厚祿顚而不扶傾覆大事後之良史豈有所私固身已矣於義得矣夫復何言廣戒得書悲慙皆長歎流涕州郡收固二子基玆於郾城皆死獄中續漢書曰基偃師長袁宏記曰基字憲公玆字季公並爲長史聞固策免並棄官亡歸巴漢南鄭趙子賤爲郡功曹詔下郡殺固二子太守知其枉遇之甚寬二子託服藥死具棺器欲因出逃子賤畏法勑吏驗實就殺之小子燮得脫亡命冀乃封廣戒而露固尸於四衢爾雅曰四達謂之衢郭璞注曰交通四出者也令有敢臨者加其罪固弟子汝南郭亮謝承書曰亮字恆直郾陵人也年始成童成童年十五也禮記曰十五成童舞象也遊學洛陽

乃左提章鉞（章謂所上章也蒼頡篇曰鉞斧也）右秉鈇鑕詣闕上書乞收固尸不許因往臨哭陳辭於前遂守喪不去夏門亭長呵之曰（洛陽北面西頭門門外有萬壽亭）李杜二公爲大臣不能安上納忠而興造無端卿曹何等腐生公犯詔書干試有司乎（腐生者猶言腐儒也）亮曰亮含陰陽以生戴乾履坤義之所動豈知性命何爲以死相懼亭長歎曰居非命之世（非命謂衰亂之時人多不得其死也）天高不敢不跼地厚不敢不蹐（跼曲也蹐累足也言天高而有雷霆地厚而有淪陷上下皆可畏懼也詩云謂天蓋高不敢不跼謂地蓋厚不敢不蹐也）耳目適宜視聽口不可以妄言也太后聞而不誅南陽人董班亦往哭固而殉尸不肯去（殉巡也楚國先賢傳曰班字季宛人也少遊太學宗事李固才高行美不交非類嘗耦耕澤畔惡衣蔬食聞固死乃星行奔赴哭泣盡哀司隸案狀奏聞天子釋而不罪班遂守尸積十日不去桓帝嘉其義烈聽許送喪到漢中赴葬畢而還也）太后憐之乃聽得襚斂歸葬二人由此顯名三公並辟班遂隱身莫知所歸固所著章表奏議教令對策記銘凡十一篇弟子趙承等悲嘆不已乃共論固言迹以爲德行一篇（謝承書曰固所授弟子潁川杜訪汝南鄭遂河内趙承等七十二人相與哀歎悲憤以爲眼不復瞻固形容耳不復

聞固嘉訓乃共論集德行一篇

燮字德公初固既策罷知不免禍乃遣三子歸鄉里時燮年十三姊文姬爲同郡趙伯英妻賢而有智見二兄歸具知事本默然獨悲曰李氏滅矣自太公已來積德累仁何以遇此太公謂祖父郃也密與二兄謀豫藏匿燮託言還京師人咸信之有頃難作下郡收固三子二兄受害文姬乃告父門生王成曰君執義先公有古人之節今委君以六尺之孤六尺謂年十五以下李氏存滅其在君矣成感其義乃將燮乘江東下入徐州界內令燮名姓爲酒家傭謝承書曰燮遠遁身於北海劇託命滕咨家以得免與此不同而成賣卜於市各爲異人陰相往來燮從受學酒家異之意非恒人以女妻燮燮專精經學十餘年閒梁冀既誅而災眚屢見明年史官上言宜有赦令又當存錄大臣冤死者子孫於是大赦天下并求固後嗣燮乃以本末告酒家酒家具車重厚遣之皆不受遂

還鄉里追服姊弟相見悲感傍人既而戒燮曰先公正直爲漢忠臣而遇朝廷傾亂梁冀肆虐令吾宗祀血食將絕今弟幸而得濟豈非天邪宜杜絕衆人勿妄往來慎無一言加於梁氏加梁氏則連主上禍重至矣唯引咎而已燮謹從其誨後王成卒燮以禮葬之感傷舊恩每四節爲設上賓之位而祠焉州郡禮命四府並辟皆無所就後徵拜議郎及其在位廉方自守所交皆舍短取長好成人之美時潁川荀爽賈彪雖俱知名而不相能燮並交二子情無適莫世稱其平正論語曰君子之於天下也無適也無莫也義之與比靈帝時拜安平相先是安平王續爲張角賊所掠國家贖王得還朝廷議復其國燮上奏曰續在國無政爲妖賊所虜守藩不稱損辱聖朝不宜復國時議者不同而續竟歸藩燮以謗毀宗室輸作左校未滿歲王果坐不道被誅乃拜燮爲議郎京師語曰父不肯立帝子不肯立王擢遷河

南尹時既㠯貨賂爲官詔書復横發錢三億㠯實西園事見宦者傳燮上書陳諫辭義深切帝乃止先是潁川甄邵諂附梁冀爲鄴令有同歲生得罪於冀亡奔邵邵僞納而陰㠯告冀冀即捕殺之邵當遷爲郡守會母亡邵且埋尸於馬屋先受封然後發喪邵還至洛陽燮行塗遇之使卒投車於溝中笞捶亂下大署帛於其背曰諂貴賣友貪官埋母乃具表其狀邵遂廢錮終身燮在職二年卒時人感其世忠正咸傷惜焉

杜喬字叔榮河內林慮人也續漢書曰累祖吏二千石喬少好學治韓詩京氏易歐陽尚書以孝稱雖二千石子常步擔求師林慮今相州縣也少爲諸生舉孝廉辟司徒楊震府稍遷爲南郡太守轉東海相入拜侍中漢安元年㠯喬守光祿大夫使徇察兗州表奏太山太守李固政爲天下第一陳留太守梁讓濟陰太守汜宮濟北相崔瑗等臧罪千萬㠯上讓即大將軍梁冀季父宮瑗皆冀所善還拜

太子太傅遷大司農時梁冀子弟五人及中常侍等以無功並封喬上書諫曰陛下越從藩臣龍飛即位天人屬心萬邦攸賴不急忠賢之禮而先左右之封傷善害德興長佞諛臣聞古之明君褒罰必以功過末世闇主誅賞各緣其私今梁氏一門宦者微孼孼音魚列反公羊傳曰臣僕庶孼之事何休注云孼賤子也猶樹之有孼生也並帶無功之紱蒼頡篇紱綬也裂勞臣之土其爲乖濫胡可勝言夫有功不賞爲善失其望姦回不詰爲惡肆其凶故陳資斧而人靡畏班爵位而物無勸易旅卦九四曰旅于處得其資斧前書音義曰資利也苟遂斯道豈伊傷政爲亂而已喪身亡國可不慎哉書奏不省益州刺史种暠舉劾永昌太守劉君世以金蛇遺梁冀事發覺以蛇輸司農冀從喬借觀之喬不肯與冀始爲恨累遷大鴻臚時冀小女死令公卿會喪喬獨不往冀又銜之遷光祿勳建和元年代胡廣爲太尉桓帝將納梁冀妹冀欲令以厚禮迎之喬據執舊典不聽時有司奏曰春秋迎

（王后于紀在塗則稱后今大將軍冀女弟宜備禮章時進徵幣奏可於是悉依惠帝納后故事聘黃金一萬斤納綵鴈璧乘馬一依舊典）又冀屬喬舉汜宮爲尚書喬目宮臧罪明著遂不肯用因此日忤於冀先是李固見廢內外喪氣羣臣側足而立唯喬正色無所回橈（回邪也橈曲也）由是海內歎息朝野瞻望焉在位數月目地震免官者唐衡左悺等因共譖於帝曰陛下前當卽位喬與李固抗議言上不堪奉漢宗祀（抗舉也）帝亦怨之及清河王蒜事起梁冀遂諷有司劾喬及李固與劉鮪等交通請逮案罪而梁太后素知喬忠但策免而已（續漢書曰喬諸生耿伯嘗與鮪同止冀諷吏執鮪爲喬門生）冀愈怒使人脅喬曰早從宜妻子可得全（從宜令其自盡也）喬不肯明日冀遣騎至其門不聞哭者遂白執繫之死獄中妻子歸故郡與李固俱暴尸於城北家屬故人莫敢視者喬故掾陳留楊匡聞之號泣星行到洛陽乃著故赤幘託爲夏門亭吏守衛尸喪驅護蠅蟲積十二日都官從事執之目聞梁太后義而不罪匡於是帶鈇

鑽詣闕上書并乞李杜二公骸骨太后許之成禮殯殮送喬喪還家葬送行服隱匿不仕匡初好學常在外黃大澤教授門徒補蘄長蘄今徐州縣也音機政有異績遷平原令時國相徐曾中常侍璜之兄也匡恥與接事託疾牧豕云袁山松書匡一名章字叔康也

論曰夫稱仁人者其道弘矣弘大也言非一途也立言踐行立其言必踐而行之豈徒徇名安己而已哉徇求也將以定去就之槩正天下之風使生以理全死與義合也槩節也立身之道唯孝與忠全死生之義須得其所夫專爲義則傷生貴義則賤生也專爲生則騫義騫違也專爲物則害智須物則役智故爲害專爲己則損仁若義重於生舍生可也生重於義全生可也孟子曰魚我所欲熊掌我所欲也二者不可得兼舍魚而取熊掌者也生亦我所欲也義亦我所欲也二者不可得兼舍生而取義者也上以篾闇失君道下以篤固盡臣節臣節盡而死之則爲殺身以成仁去之不爲求生以害仁也論語無求生以害仁有殺身以成仁順桓之間國統三絕太后稱制賊臣虎視李固據位持重以爭大義確乎而不可奪確堅貌也易曰

確乎其不可拔論語曰臨大節而不可奪豈不知守節之觸禍恥夫覆折之傷任也易曰鼎折足覆公餗言不勝其任觀其發正辭及所遺梁冀書雖機失謀乖猶戀戀而不能已至矣哉社稷之心乎其顧視胡廣趙戒猶糞土也

贊曰李杜司職朋心合力朋猶同也致主文宣抗情伊稷伊尹后稷也道亡時晦終離罔極離被也毛詩曰讒人罔極變同趙孤趙孤趙朔之子趙武史記曰晉景公三年大夫屠岸賈殺趙朔朔客程嬰公孫杵臼匿朔遺腹子於中山居十五年後景公與韓厥立趙孤而攻滅屠岸賈也世載弦直載行也

李杜列傳第五十三　後漢書六十三

吳延史盧趙列傳第五十四

後漢書六十四

唐章懷太子賢注

吳祐字季英 祐音又續漢書作佑 陳留長垣人也父恢爲南海太守 恢或作惔音徒濫反 祐年十二隨從到官恢欲殺青簡以寫經書 殺青者以火炙簡令汗取其青易書復不蠹謂之殺青亦謂汗簡義見劉向別錄也 祐諫曰今大人踰越五領 領者西自衡山之南東至于海一山之限耳別標名則有五焉裴氏廣川記云大庾始安臨賀桂陽揭陽是爲五領鄧德明南康記曰大庾一也桂陽甲騎二也九眞都龐三也臨賀萌渚四也始安越城五也裴氏之說則爲審矣 遠在海濱其俗誠陋然舊多珍怪上爲國家所疑下爲權戚所望 希望其贈遺也 此書若成則載之兼兩 車有兩輪故稱兩也 昔馬援以薏苡興謗王陽以衣囊徼名 徼要也音江堯反前書曰王陽好車馬衣服鮮明而遷徙轉移所載不過囊橐時人怪其奢伏其儉故俗傳王陽能作黃金 嫌疑之間誠先賢所慎也恢乃止撫其首曰吳氏世不乏季子矣 季子謂札也 及年二十喪父居無擔石而不受贍遺常牧豕於長垣澤中 續漢書曰年四十餘乃爲郡吏也 行吟經書遇父故人謂曰卿二千石子而自業賤事縱子無恥柰先君何祐辭謝而已

守志如初後舉孝廉陳留耆舊傳曰太守冷宏召補文學宏見異之擢舉孝廉將行郡中爲祖道祐越壇共小史雍丘黃眞歡語移時與結友而別祖道之禮封土爲軷壇也五經要義曰祖道者行祭爲道路祈也周禮大馭掌王玉路以祀及祀軷注云祀軷者封土象山於路側以菆棘柏爲神主祭之以車轢軷而去喻無險難功曹以祐倨請黜之太守曰吳季英有知人之明卿且勿言眞後亦舉孝廉除新蔡長世稱其清節謝承書曰眞字夏甫時公沙穆來遊太學無資糧乃變服客傭爲祐賃舂祐與語大驚遂共定交於杵臼之閒祐以光祿四行遷膠東侯相漢官儀曰四行敦厚質樸遜讓節儉也時濟北戴宏父爲縣丞宏年十六從在丞舍祐每行園常聞諷誦之音奇而厚之亦與爲友卒成儒宗知名東夏東夏東方也尚書曰尹茲東夏也官至酒泉太守濟北先賢傳曰宏字元襄剛縣人也年二十二爲郡督郵曾以職事見詰府君欲撻之宏曰今鄙郡遭明府咸以爲仲尼之君國小人少以宏爲顏回豈聞仲尼有撻顏回之義府君異其對即日教署主簿也祐政唯仁簡以身率物民有爭訴者輒閉閤自責然後斷其訟以道譬之或身到閭里重相和解自是之後爭隙省息吏人懷而不欺嗇夫孫性私賦民錢續漢書曰賦錢五百爲父市單

衣市衣以進其父父得而怒曰有君如是何忍欺之促歸伏罪性慚懼詣閤持衣自首祐屏左右問其故性具談父言祐曰掾以親故受汙穢之名所謂觀過斯知人矣（論語載孔子之言也）使歸謝其父還以衣遺之又安丘男子毋丘長與母俱行市道遇醉客辱其母長殺之而亡安丘追蹤於膠東得之祐呼長謂曰子母見辱人情所恥然孝子忿必慮難動不累親（論語孔子曰忿思難又曰一朝之忿忘其身以及其親非惑與）今若背親逞怒（若汝也逞快也）白日殺人赦若非義刑若不忍將如之何長以械自繫（在手曰械）曰國家制法囚身犯之明府雖加哀矜恩無所施祐問長有妻子乎對曰有妻未有子也即移安丘逮長妻到解其桎梏使同宿獄中妻遂懷孕至冬盡行刑長泣謂母曰負母應死當何以報吳君乎乃齧指而吞之含血言曰妻若生子名之吳生言我臨死吞指爲誓屬兒以報吳君因投繯而死（謂以繩爲繯投之而縊也繯音胡犬反）祐在膠東九年（陳留耆舊傳曰

祐處同僚無私書之問上司無牋檄之敬在膠東書不入京師也遷齊相大將軍梁冀表爲長史及冀誣奏太尉李固祐聞而請見與冀爭之不聽時扶風馬融在坐爲冀章草祐因謂融曰李公之罪成於卿手李公卽誅卿何面目見天下之人乎冀怒而起入室祐亦徑去冀遂出祐爲河間相因自免歸家不復仕躬灌園蔬已經書教授年九十八卒長子鳳官至樂浪太守少子愷新息令鳳子馮鮦陽侯相鮦陽縣屬汝南郡音紂皆有名於世陳留耆舊傳曰鳳字君雅馮字子高

延篤字叔堅南陽犨人也犨音昌猶反故城在汝州魯山縣東南也少從潁川唐溪典受左氏傳先賢行狀曰典字季度爲西鄂長風俗通曰吳夫槩王奔楚封堂谿因以爲氏典爲五官中郎將唐與堂同也旬日能諷之典深敬焉先賢行狀曰篤欲寫左氏傳無紙唐溪典以廢牋記與之篤以牋記紙不可寫傳乃借本諷之糧盡辭歸典曰卿欲寫傳何故辭歸篤曰已諷之矣典聞之歎曰嗟乎延生雖復端木聞一知二未足爲喻若使尼父更起於洙泗君當編名七十與游夏爭匹也又從馬融受業博通經傳及百家之言能著文章有名京師舉孝廉爲平陽侯相到官表龔遂之墓立銘祭祠

擢用其後於畎畝之間前書龔遂山陽南平陽人爲勃海太守南平陽故城在今兖州鄒縣吕師喪弃官奔赴五府並辟不就桓帝吕博士徵拜議郎與朱穆邊韶共著作東觀稍遷侍中帝數問政事篤詭辭密對穀梁傳曰故士造辟而言詭辭而出范甯注云辟君也詭辭而出不以實告人也動依典義遷左馮翊又徙京兆尹其政用寬仁憂恤民黎擢用長者與參政事郡中歡愛三輔咨嗟焉先是陳留邊鳳爲京兆尹亦有能名郡人爲之語曰前有趙張三王前書趙廣漢張敞王遵王章王駿俱爲京兆尹也後有邊延二君時皇子有疾下郡縣出珍藥而大將軍梁冀遣客齎書詣京兆并貨牛黃吴普本草曰牛黃味苦無毒牛出入呻者有之夜有光走角中牛死入膽中如雞子黃神農本草曰療驚癇除邪逐鬼篤發書收客曰大將軍椒房外家而皇子有疾必應陳進醫方豈當使客千里求利乎遂殺之冀慙而不得言有司承旨欲求其事篤吕病免歸教授家巷時人或疑仁孝前後之證篤乃論之曰觀夫仁孝之辯辯爭也紛然異端互引典文代取事據代更也可謂篤論矣篤厚也夫人二

致同源總率百行二致仁孝也易繫辭曰殊塗而同歸百慮而一致也非復銖兩輕重必定前後之數也而如欲分其大較較猶略也體而名之則孝在事親仁施品物施物則功濟於時事親則德歸於己於己則事寡濟時則功多推此以言仁則遠矣然物有出微而著事有由隱而章近取諸身則耳有聽受之用目有察見之明足有致遠之勞手有飾衞之功功雖顯外本之者心也遠取諸物則草木之生始於萌芽終於彌蔓枝葉扶疏榮華紛縟說文曰縟繁綵飾也末雖繁蔚致之者根也夫仁人之有孝猶四體之有心腹四體謂手足也枝葉之有根本也聖人知之故曰夫孝天之經也地之義也人之行也左氏傳趙簡子問子大叔何謂禮對曰聞諸先大夫子產曰夫禮天之經也地之義也人之行也天地之經人實則之則天之明因地之性孔子取爲孝經之詞也君子務本本立而道生孝悌也者其爲仁之本與論語載有若之辭也然體大難備物性好偏故所施不同事少兩兼者也如必對其優劣則仁以枝葉扶疏爲大孝以心體本根爲先可無訟也

或謂先孝後仁非仲尼序回參之意 論語孔子曰參也魯回也其庶乎言庶幾於善道也魯鈍也言若先孝後仁則曾參不得不賢於顏子 蓋曰爲仁孝同質而生純體之者則互曰爲稱虞舜顏回是也 虞舜顏回純德既備或仁或孝但隨其所稱爾 若偏而體之則各有其目公劉曾參是也 史記公劉后稷曾孫也能修復后稷之業務耕種行地宜百姓懷之多從而保歸焉故公劉以仁紀德曾參以至孝稱賢此則各自爲目不能總兼其美也 夫曾閔曰孝悌爲至德 曾參閔損也 管仲曰九合爲仁功 論語孔子曰桓公九合諸侯不以兵車管仲之力如其仁如其仁九合者謂再會于鄄兩會于幽又會檉首止戴甯母洮葵丘也 未有論德不先回參考功不大夷吾以此而言各從其稱者也前越嶲太守李文德素善於篤時在京師謂公卿曰延叔堅有王佐之才奈何屈千里之足乎欲令引進之篤聞乃爲書止文德曰夫道之將廢所謂命也 論語孔子曰道之將行也與命也道之將廢也與命也 流聞乃欲相爲求還東觀來命雖篤所未敢當吾嘗昧爽櫛梳坐於客堂 孔安國注尚書曰昧暝也爽明也 朝則誦羲文之易虞夏之書歷公旦之典禮覽仲尼之春秋 周公攝政七年制禮作樂班固東都賦曰今論者但知誦虞夏之書詠殷周之詩講羲文之易論孔氏之春秋也 夕則消搖內階詠詩

南軒楚辭高堂邃宇鏤檻層軒王逸注云軒樓板也百家衆氏投間而作言誦經典之餘投射間隙而敎百氏也洋洋乎其盈耳也洋洋美也論語曰洋洋乎盈耳哉渙爛兮其溢目也渙爛文章貌也紛紛欣欣兮其獨樂也當此之時不知天之爲蓋地之爲輿宋玉大言賦曰方地爲輿員天爲蓋也不知世之有人已之有軀也雖漸離擊筑傍若無人說文曰筑五絃之樂也沈約宋書曰筑不知誰所造也史記唯云高漸離擊筑案今筑形似箏有項有柱史記荆軻至燕日與屠狗及高漸離擊筑荆軻和而歌於市中相樂已而相泣傍若無人高鳳讀書不知暴雨事具逸人傳也方之於吾未足況也且吾自束脩已來束脩謂束帶修飾鄭玄注論語曰謂年十五已上也爲人臣不陷於不忠爲人子不陷於不孝上交不諂下交不黷易繫辭之文也從此而殁下見先君遠祖可不慙赧色愧曰赧音女板反如此而不以善止者恐如敎羿射者也史記有養由基者善射者也去柳葉百步而射之百發而百中之左右觀者數千人皆曰善射有一人立其旁曰善可敎射矣養由基怒釋弓搤劒曰客安能敎我射乎客曰非吾能敎枝左詘右也夫去柳葉百步而射之百發百中之不以善息少焉氣衰力倦弓撥矢鉤一發不中者百發盡息此言羿者蓋以俱善射而稱之也愼勿迷其本弃其生也後遭黨事禁錮錮謂閉塞永康元年卒于家鄉里圖其形于屈原之廟屈原楚大夫抱忠貞而死篤有志行文彩故圖其像而偶之焉篤論解經傳多所駮正後儒服

虞等以為折中所著詩論銘書應訊表教令訊問也蓋荅客難之類凡二十篇云

史弼字公謙陳留考城人也父敞順帝時以佞辯至尚書郡守續漢書曰敞為京兆尹化有能名尤善條教見稱於三輔也弼少篤學聚徒數百仕州郡謝承書曰弼年二十為郡功曹承前太守朱詡穢濁之後悉條諸生聚斂姦吏百餘人皆白太守埽迹還縣高名由此而興辟公府遷北軍中候是時桓帝弟渤海王悝素行險辟僭傲多不法弼懼其驕悖為亂乃上封事曰臣聞帝王之於親戚愛雖隆必示之以威體雖貴必禁之以度如是和睦之道興骨肉之恩遂昔周襄王恣甘昭公甘昭公王子帶周襄王弟也食邑於甘謚曰昭左傳曰初甘昭公有寵於惠后惠后將立之未及而卒昭公奔齊王復之遂以狄師攻王王出適鄭也孝景皇帝驕梁孝王梁孝王景帝弟竇太后少子愛之賜天子旌旗出警入蹕景帝常與王宴太后前曰千秋萬歲後傳上爰盎諫不許遂令人刺殺盎也而二弟階寵終用敖慢卒周有播蕩之禍漢有爰盎之變竊聞勃海王悝憑至親之屬恃偏私之愛失奉上之節有僭慢之心外聚剽輕不逞之徒剽悍也逞快也謂被侵枉不快之人也左傳曰率羣不逞之人剽音疋妙反內荒酒樂出入無常所與羣居皆有口無行有虛言無實行也或家之

弃子或朝之斥臣必有羊勝伍被之變前書羊勝勸梁王求漢嗣伍被勸淮南王謀反誅也州司不敢彈糾傳相不能匡輔陛下隆於友于不忍遏絕友親也尚書曰惟孝友于兄弟恐遂滋蔓為害彌大滋長蔓延也左傳曰無使滋蔓蔓難圖也乞露臣奏宣示百僚使臣得於清朝明言其失然後詔公卿平處其法法決罪定乃下不忍之詔臣下固執然後少有所許如是則聖朝無傷親之譏勃海有享國之慶不然懼大獄將興使者相望於路矣臣職典禁兵備禦非常而妄知藩國干犯至戚罪不容誅不勝憤懣謹冒死以聞帝以至親不忍下其事後悝竟坐逆謀貶為癭陶王暢遷尚書出為平原相時詔書下舉鉤黨鉤謂相連也郡國所奏相連及者多至數百唯暢獨無所上詔書前後切卻州郡切急也卻退也髡笞掾史從事坐傳責曰續漢志每州皆有從事史及諸曹掾史傳客舍也音知戀反坐傳舍召暢而責詔書疾惡黨人旨意懇惻青州六郡其五有黨濟南樂安齊國東萊平原北海六郡青州所管也青州在齊國臨淄見漢官儀近國甘陵亦考南北部桓帝為蠡吾侯受學於甘陵周福及帝即位擢福為

尚書時同郡河南尹房植有名當朝二家賓客互相譏揣遂各樹朋徒漸成尤隙由是甘陵有南北部見黨人篇序也平原何理而得獨無弼曰先王疆理天下畫界分境疆界也理正也左傳曰先王疆理天下物土之宜而布其利也水土異齊風俗不同前書曰凡人函五常之性而其剛柔緩急音聲不同繫水土之風氣故謂之風好惡取舍動靜無常隨君上之情欲故謂之俗也它郡自有平原自無胡可相比若承望上司誣陷良善淫刑濫罰以逞非理則平原之人戶可為黨相有死而已所不能也從事大怒即收郡僚職送獄遂舉奏弼會黨禁中解弼以俸贖罪得免俸音扶用反濟活者千餘人弼為政特挫抑彊豪其小民有罪多所容貸遷河東太守被一切詔書當舉孝廉弼知多權貴請託乃豫勑斷絕書屬屬音之欲反中常侍侯覽果遣諸生齎書請之并求假鹽稅積日不得通生乃說以宅事謁弼而因達覽書弼大怒曰太守忝荷重任當選士報國爾何人而偽詐無狀命左右引出楚捶數百府丞掾史十餘人皆諫於廷弼不對遂付安邑獄即日考殺之侯覽大怨遂詐作飛章下

司隸誣弼誹謗檻車徵吏人莫敢近者唯前孝廉裴瑜送到崤澠之間大言於道傍曰明府摧折虐臣選德報國如其獲罪足以垂名竹帛願不憂不懼弼曰誰謂荼苦其甘如薺（詩衛風也荼苦菜也）昔人刎頸九死不恨（刎割也楚詞曰雖九死其猶未悔也）及下廷尉詔獄平原吏人奔走詣闕訟之又前孝廉魏劭毀變形服詐爲家僮瞻護於弼弼遂受誣事當弃市劭與同郡人賣郡邸（郡邸若今之寺邸也）行賂於侯覽得減死罪一等論輸左校時人或譏曰平原行貨以免君無乃蚩乎陶丘洪曰（青州先賢傳曰洪字子林平原人也清達博辯文冠當代舉孝廉不行辟太尉府年三十卒）昔文王牖里閎散懷金（牖里殷獄名或作羑亦名羑城在今相州湯陰縣北帝王紀散宜生南宮括閎天學乎呂尚尚知三人賢結朋友之交及紂囚文王乃以黃金千鎰與宜生令求諸物與紂史記曰閎天之徒乃求有莘美女驪戎文馬有熊九駟它奇怪物因殷嬖臣費仲獻之於紂紂大說乃赦之也）史弼遭患義夫獻寶亦何疑焉於是議者乃息弼竟歸田里稱病閉門不出數爲公卿所薦議郎何休又訟弼有幹國之器宜登台相徵拜議郎侯覽等惡之光和中出爲彭城相會病

卒裴瑜位至尚書先賢行狀曰瑜字雉璜聰明敏達觀物無滯清論所加必爲成器醜議所指沒齒無怨也

論曰夫剛烈表性鮮能優寬仁柔用情多乏貞直吴季英視人畏傷發言烝烝烝烝猶仍也似夫儒者而懷憤激揚折讓權枉又何壯也仁以矜物義以退身君子哉法言曰君子於仁也柔於義也剛語曰活千人者子孫必封前書曰翁孺曰聞活千人者有封孫吾所活者千人後世其興乎史弼頡頏嚴吏頡頏猶上下也終全平原之黨而其後不大不大謂子孫衰替也左傳晉卜偃曰畢萬之後必大斯亦未可論也

盧植字子幹涿郡涿人也身長八尺二寸音聲如鍾少與鄭玄俱事馬融能通古今學好研精而不守章句融外戚豪家融明德皇后之從姪也多列女倡歌舞於前植侍講積年未嘗轉眄融以是敬之學終辭歸闔門教授性剛毅有大節常懷濟世志不好辭賦能飲酒一石時皇后父大將軍竇武援立靈帝初秉機政朝議欲加封爵植雖布衣以武素有名譽乃獻書以規之曰植聞嫠有不恤緯之事左傳曰范獻子

曰人亦有言嫠不恤其緯而憂宗周之隕爲將及焉杜預注曰嫠寡婦也織者常苦緯少寡婦所宜憂也漆室有倚楹之戚琴操曰魯漆室女倚柱悲吟而嘯鄰人見其心之不樂也進而問之曰有淫心欲嫁之念耶何吟之悲漆室女曰嗟乎嗟乎子無志不知人之甚也昔者楚人得罪於其君走逃吾東家馬逸蹈吾園葵使吾終年不厭菜吾西鄰人失羊不還請吾兄追之霧濁水出使吾兄溺死終身無兄政之所致也吾憂國傷人心悲而嘯豈欲嫁哉自傷懷結而爲人所疑於是褰裳入山林之中見女貞之木喟然歎息援琴而弦歌以女貞之辭自經而死憂深思遠君子之情詩序曰憂深思遠儉而用禮乃有堯之遺風焉夫士立爭友義貴切磋孝經曰士有爭友身不陷於不義詩云如切如磋鄭玄注云骨曰切象曰磋言友之相規誡如骨象之見切磋書陳謀及庶人尚書洪範曰謀及卿士謀及庶人也詩詠詢于芻蕘詩大雅曰先人有言詢于芻蕘毛萇注云芻蕘採薪者也植誦先王之書久矣敢愛其瞽言哉無目眹曰瞽眹音直忍反今足下之於漢朝猶旦奭之在周室建立聖主四海有繫論者以爲吾子之功於斯爲重天下聚目而視攢耳而聽前書賈山曰使天下戴目而視傾耳而聽也謂準之前事將有景風之祚景風解見和紀尋春秋之義王后無嗣擇立親長年均以德德均則決之卜筮左傳王子朝曰先王之命王后無嫡則擇立長年鈞以德德鈞以上古之制也今同宗相後披圖案牒以次建之何勲之有豈橫叨天功以爲己力乎叨貪也左傳曰貪天之功以爲己力也宜辭大賞以全身名又比世祚不競競彊

也

仍外求嗣可謂危矣而四方未寧盜賊伺隙恆岳勃碣（勃勃海也碣碣石山也）特多姦盜將有楚人脇比尹氏立朝之變（左傳曰楚公子比恭王之子也靈王立子比奔晉靈王卒子比自晉歸楚立爲君比弟公子弃疾欲篡其位夜乃使人周走呼曰王至矣國人大驚子比乃自殺王子朝周景王之庶子景王卒子猛立尹氏周卿士立子朝奪猛位也）宜依古禮置諸子之官徵王侯愛子宗室賢才外崇訓道之義內息貪利之心簡其良能隨用爵之彊幹弱枝之道也（以樹爲喻也謂京師爲幹四方爲枝前書曰漢興立都長安徙齊諸田楚昭屈景及諸功臣家於長陵蓋以彊幹弱枝非獨爲奉山園也）武並不能用州郡數命植皆不就建寧中徵爲博士乃始起焉熹平四年九江蠻反四府選植才兼文武拜九江太守蠻寇賓服以疾去官作尚書章句三禮解詁（詁事也言解其事意）時始立太學石經以正五經文字植乃上書曰臣少從通儒故南郡太守馬融受古學頗知今之禮記特多回穴（回穴猶紆曲也）臣前以周禮諸經發起秕謬（秕粟不成者喻義之乖僻也）敢率愚淺爲之解詁而家乏無力供繕寫上（繕善也言家貧不能繕寫而上也）願得將能書生二人共詣東觀就官財糧專心研精

合尚書章句考禮記失得庶裁定聖典刊正碑文古文科斗近於爲實而厭抑流俗降在小學古文謂孔子壁中書也形似科斗因以爲名前書謂文字爲小學也中興以來通儒達士班固賈逵鄭興父子並敦悅之興子衆也自有傳左傳曰郤穀悅禮樂而敦詩書也今毛詩左氏周禮各有傳記其與春秋共相表裏表裏言義相須而成也前書云河圖洛書相爲經緯八卦九章相爲表裏宜置博士爲立學官以助後來以廣聖意會南夷反叛以植嘗在九江有恩信拜爲廬江太守植深達政宜務存清靜弘大體而已歲餘復徵拜議郎與諫議大夫馬日磾議郎蔡邕楊彪韓說等並在東觀校中書五經記傳補續漢記言中書以別於外也帝以非急務轉爲侍中尚書光和元年有日食之異植上封事諫曰臣聞五行傳曰晦而月見謂之朓王侯其舒五行傳劉向所著朓者月行速在日前故早見劉向以爲君舒緩則臣驕慢故日行遲而月行速也此謂君政舒緩故日食晦也春秋傳曰天子避位移時左氏傳曰日過分未至三辰有災於是乎君不舉避移時杜預注曰避正寢過日食時也言其相掩不過移時而間者日食自已過午旣

食之後雲霧晻曖比年地震彗孛互見臣聞漢以火德化當寬明近色信讒忌之甚者如火畏水故也案今年之變皆陽失陰侵消御災凶宜有其道謹略陳八事一曰用良二曰原禁(原其所禁而有之也)三曰禦癘(防禦疫癘之氣)四曰備寇五曰修禮六曰遵堯七曰御下八曰散利用良者宜使州郡覈舉賢良(覈實也)隨方委用責求選舉原禁者凡諸黨錮多非其罪可加赦恕申宥回枉(回邪也)禦癘者宋后家屬並以無辜委骸橫尸不得收葬疫癘之來皆由於此宜勑收拾以安遊魂(后以王甫程阿所構憂死父及兄弟並被誅靈帝後夢見桓帝怒曰宋皇后何罪而絕其命已訴于天上帝震怒罪在難救也)備寇者侯王之家賦稅減削愁窮思亂必致非常宜使給足以防未然修禮者應徵有道之人若鄭玄之徒陳明洪範禳服災咎遵堯者今郡守刺史一月數遷宜依黜陟以章能否縱不九載可滿三歲(書曰三載考績黜陟幽明孔安國注曰三年考功三考九年能否幽明有別升進其明者黜退其幽者此皆唐堯之法也)御下者請謁希爵一宜禁塞(希求也)遷舉之事

責成主者散利者天子之體理無私積宜弘大務蠲略細微（蠲除也）帝不省中平元年黃巾賊起四府舉植拜北中郎將持節以護烏桓中郎將宗員副將北軍五校士發天下諸郡兵征之連戰破賊帥張角斬獲萬餘人角等走保廣宗植築圍鑿塹造作雲梯垂當拔之帝遣小黃門左豐詣軍觀賊形勢或勸植以賂送豐植不肯豐還言於帝曰廣宗賊易破耳盧中郎固壘息軍以待天誅帝怒遂檻車徵植減死罪一等及車騎將軍皇甫嵩討平黃巾盛稱植行師方略嵩皆資用規謀濟成其功以其年復爲尚書帝崩大將軍何進謀誅中官乃召并州牧董卓以懼太后植知卓凶悍難制必生後患固止之進不從及卓至果陵虐朝廷乃大會百官於朝堂議欲廢立羣僚無敢言植獨抗議不回卓怒罷會將誅植語在卓傳植素善蔡邕邕前徙朔方植獨上書請之邕時見親於卓故往

請植事又議郎彭伯諫卓曰盧尚書海内大儒人之望也今先害天下震怖卓乃止但免植官而已植以老病求歸懼不免禍乃詭道從轘轅出詭詐也轘轅道在今洛州緱氏縣東南也卓果使人追之到懷不及遂隱于上谷不交人事冀州牧袁紹請爲軍師初平三年卒臨困勑其子儉葬于土穴不用棺槨附體單帛而已所著碑誄表記凡六篇建安中曹操北討柳城過涿郡魏志曰建安十二年操北征烏丸涉鮮卑討柳城登白狼山也告守令曰故北中郎將盧植名著海内學爲儒宗士之楷模國之楨幹也昔武王入殷封商容之閭鄭喪子產仲尼隕涕左傳曰仲尼聞子產死出涕曰古之遺愛也孤到此州嘉其餘風春秋之義賢者之後宜有殊禮公羊傳曰君子之善善也長惡惡也短惡惡止其身善善及子孫賢者子孫故君子爲之諱也亟遣丞掾除其墳墓亟急也存其子孫幷致薄醊醊祭酹也音張芮反以張厥德子毓知名魏志曰毓字子家十歲而孤以學行稱仕魏至侍中吏部尚書時舉中書郎詔曰得其人與不在盧生耳選舉莫取有名如畫地爲餅不可啖也毓對曰名不足以致異人而可以得常士常士畏教慕善然後有名也

論曰風霜㠯別草木之性論語曰歲寒然後知松柏之後凋也危亂而見貞良之節老子曰國家昏亂有忠臣則盧公之心可知矣夫蠭蠆起懷雷霆駭耳雖賁育荆諸之倫孟賁多力者也夏育勇者也並衛人荆荆軻也諸專諸也未有不冘豫奪常者也冘人行貌也音淫言冘豫不能自定也奪謂易其常分者也當植抽白刃嚴閤之下追帝河津之間排戈刃赴戕折事見何進傳杜預注左傳曰戕者卒暴之名也豈先計哉君子之於忠義造次必於是顛沛必於是也孔子曰君子無終食之間違仁造次必於是顛沛必於是馬融注云造次急遽也顛沛僵仆也雖急遽僵仆不違仁也

趙岐字邠卿京兆長陵人也初名嘉生於御史臺因字臺卿以其祖爲御史故生於臺也後避難故自改名字示不忘本土也岐少明經有才藝娶扶風馬融兄女融外戚豪家岐嘗鄙之不與融相見三輔決錄注曰岐娶馬敦女宗姜爲妻敦兄子融嘗至岐家多從賓與從妹宴飲作樂日夕乃出過問趙處士所在岐亦厲節不以妹聟之故屈志於融也與其友書曰馬季長雖有名當世而不持士節三輔高士未曾以衣裾撇其門也岐嘗讀周官二義不通一往造之賤融如此仕州郡㠯廉直疾惡見憚年三十餘有重疾臥蓐七年蓐寢蓐也聲類曰蓐薦也自慮奄忽乃爲遺令勑兄子曰大丈夫生世遯無箕

山之操易曰遯而亨君子以遠小人王弼注遯之義避內而之外者也箕山許由所隱處也仕無伊呂之勳天不我與復何言哉可立一員石於吾墓前刻之曰漢有逸人姓趙名嘉有志無時命也奈何其後疾瘳永興二年辟司空掾議二千石得去官爲親行服朝廷從之其後爲大將軍梁冀所辟爲陳損益求賢之策冀不納舉理劇爲皮氏長皮氏故城在今絳州龍門縣西決錄曰岐爲長抑彊討姦大興學校也會河東太守劉祐去郡而中常侍左悺兄勝代之岐恥疾宦官即日西歸京兆尹延篤復以爲功曹先是中常侍唐衡兄玹爲京兆虎牙都尉玹音玄郡人以玹進不由德皆輕侮之岐及從兄襲又數爲貶議玹深毒恨決錄注襲字元嗣先是杜伯度崔子玉以工草書稱於前代襲與羅暉拙書見蚩於張伯英英頗自矜高與朱賜書云上比崔杜不足下方羅趙有餘也延熹元年玹爲京兆尹岐懼禍及乃與從子戩逃避之玹果收岐家屬宗親陷以重法盡殺之決錄注曰岐長兄磐州都官從事早亡次兄無忌字世卿部河東從事爲玹所殺戩音翦岐遂逃難四方江淮海岱靡所不歷自匿姓名賣餅北海市中時安丘孫嵩年二十餘

遊市見岐察非常人停車呼與共載岐懼失色嵩乃下帷令騎屏行人密問岐曰視子非賣餅者又相問而色動不有重怨即亡命乎我北海孫賓石闔門百口埶能相濟岐素聞嵩名即以實告之遂以俱歸嵩先入白母曰出行乃得死友迎入上堂饗之極歡藏岐複壁中數年岐作尼屯歌二十三章後諸唐死滅因赦乃出三府聞之同時並辟九年乃應司徒胡廣之命會南匈奴烏桓鮮卑反叛公卿舉岐擢拜幷州刺史岐欲奏守邊之策未及上會坐黨事免因譔次以爲禦寇論決錄注曰是時綱維不攝閹豎專權岐擬前代連珠之書四十章上之留中不出靈帝初復遭黨錮十餘歲中平元年四方兵起詔選故刺史二千石有文武才用者徵岐拜議郎車騎將軍張溫西征關中請補長史別屯安定大將軍何進舉爲敦煌太守行至襄武縣名屬隴西郡岐與新除諸郡太守數人俱爲賊邊章等所執賊欲脅以爲帥岐詭辭得免展轉

還長安決錄注曰岐還至陳倉復遇亂兵裸身得免在草中十二日不食也及獻帝西都復拜議郎稍遷太僕及李傕專政使太傅馬日磾撫慰天下以岐爲副日磾行至洛陽表別遣岐宣揚國命所到郡縣百姓皆喜曰今日乃復見使者車騎是時袁紹曹操與公孫瓚爭冀州紹及操聞岐至皆自將兵數百里奉迎岐深陳天子恩德宜罷兵安人之道又移書公孫瓚爲言利害紹等各引兵去皆與岐期會洛陽奉迎車駕岐南到陳留得篤疾經涉二年期者遂不至興平元年詔書徵岐會帝當還洛陽先遣衛將軍董承修理宮室岐謂承曰今海內分崩唯有荆州境廣地勝西通巴蜀南當交阯年穀獨登兵人差全岐雖迫大命猶志報國家欲自乘牛車南說劉表可使其身自將兵來衛朝廷與將軍幷心同力共獎王室此安上救人之策也承即表遣岐使荆州督租糧岐至劉表即遣兵詣洛陽助修宮室軍資委輸前後

不絶時孫嵩亦寓於表表不爲禮岐乃稱嵩素行篤烈因共上爲青州刺史岐𠂢老病遂留荆州曹操時爲司空舉𠂢自代光祿勳桓典少府孔融上書薦之於是就拜岐爲太常年九十餘建安六年卒先自爲壽藏壽藏謂冢壙也稱壽者取其久遠之意也猶如壽宮壽器之類冢在今荆州古郢城中也圖季札子産晏嬰叔向四像居賓位又自畫其像居主位皆爲讚頌勑其子曰我死之日墓中聚沙爲牀布簟白衣散髮其上覆𠂢單被即日便下下訖便掩岐多所述作著孟子章句三輔決錄傳於時決錄序曰三輔者本雍州之地世世從公卿吏二千石及高貲皆以陵諸陵五方之俗雜會非一國之風不但繫于詩秦豳也其爲士好高尚義貴於名行其俗失則趣埶進權唯利是視余以不才生於西土耳能聽而聞故老之言目能視而見衣冠之疇心能識而觀其賢愚常以玄冬夢黄髮之士姓玄名明字子眞與余寤言言必有中善否之間無所依違命操筆者書之近從建武以來暨于斯今其人既亡行乃可書玉石朱紫由此定矣故謂之決錄矣

贊曰吳翁溫愛義干剛烈謂以義干梁冀爭李固也延史字人風和恩結梁使顯刑誣黨潛絶子幹兼姿逢掖臨師禮記孔子曰丘少居魯衣逢掖之衣鄭玄注曰逢猶大也爲大掖之衣此君子有道埶者所衣也相

永本作縫義亦通　邠卿出疆專命朝威疆界也左傳曰大夫出疆苟利社稷專之可也

吳延史盧趙列傳第五十四

金陵書局仿汲古閣本刊

後漢書六十四

後漢書六十五

唐章懷太子賢注

皇甫張段列傳第五十五

皇甫規字威明安定朝那人也祖父稜度遼將軍父旗扶風都尉永和六年西羌大寇三輔圍安定征西將軍馬賢將諸郡兵擊之不能克規雖在布衣見賢不卹軍事審其必敗乃上書言狀尋而賢果爲羌所沒郡將知規有兵略乃命爲功曹使率甲士八百與羌交戰斬首數級賊遂退卻舉規上計掾其後羌衆大合攻燒隴西朝廷患之規乃上疏求乞自効曰臣比年以來數陳便宜羌戎未動策其將反馬賢始出頗知必敗誤中之言在可考校臣每惟賢等擁衆四年未有成功懸師之費且百億計懸猶停也出於平人回入姦吏平人齊人也故江湖之人羣爲盜賊青徐荒飢襁負流散夫羌戎潰叛不由承平皆由邊將失於綏御乘常守安則加侵暴苟競小利

則致大害微勝則虛張首級軍敗則隱匿不言軍士勞怨困於猾吏進不得快戰吕徼功退不得溫飽吕全命餓死溝渠暴骨中原徒見王師之出不聞振旅之聲振整旅衆也穀梁傳曰出曰治兵入曰振旅酋豪泣血驚懼生變是吕安不能久敗則經年臣所吕搏手叩心而增歎者也願假臣兩營二郡兩營謂馬賢及趙沖等二郡安定隴西也屯列坐食之兵五千出其不意與護羌校尉趙沖共相首尾土地山谷臣所曉習兵埶巧便臣已更之可不煩方寸之印尺帛之賜高可吕滌患下可吕納降若謂臣年少官輕不足用者凡諸敗將非官爵之不高年齒之不邁邁往也臣不勝至誠沒死自陳時帝不能用沖質之間梁太后臨朝規舉賢良方正對策曰伏惟孝順皇帝初勤王政紀綱四方幾吕獲安後遭姦偽威分近習近習謂佞倖親近小人也禮記曰雖有貴戚近習畜貨聚馬戲譺是聞又因緣嬖倖受賂賣爵輕使賓客交錯其間天下擾擾從亂如歸左傳曰人患王之無厭也故從亂如歸故

每有征戰鮮不挫傷官民並竭上下窮虛臣在關西竊聽風聲未聞國家有所先後先後謂進退也言國家不妄有襃貶進退而權倖之徒反爲禍福也而威福之來咸歸權倖陛下體兼乾坤聰哲純茂攝政之初拔用忠貞其餘維綱多所改正遠近翕然望見太平而地震之後霧氣白濁日月不光旱魃爲虐詩大雅曰旱魃爲虐如惔如焚魃旱神也大賊從橫流血川野庶品不安譴誡累至殆吕姦臣權重之所致也其常侍尤無狀者亟便黜遣無狀者謂無善狀披埽凶黨收入財賄吕塞痛怨吕荅天誡今大將軍梁冀河南尹不疑處周邵之任爲社稷之鎮加與王室世爲姻族梁商女爲順帝后后女弟又爲桓帝后冀即商子故曰代姻也今日立號雖尊可也可猶宜也實宜增修謙節輔吕儒術省去遊娛不急之務割減廬第無益之飾夫君者舟也人者水也家語孔子曰夫君者舟也人者水也水可載舟亦以覆舟君以此思危則可知也羣臣乘舟者也將軍兄弟操檝者也若能平志畢力吕度元元所謂福也如其怠弛將淪波濤可不慎乎夫德不稱祿猶

鑿墉之趾以益其高豈量力審功安固之道哉凡諸宿猾酒徒戲客皆耳納邪聲口出諂言甘心逸遊唱造不義亦宜貶斥以懲不軌令冀等深思得賢之福失人之累又在位素餐尚書怠職有司依違莫肯糾察故使陛下專受諂諛之言不聞戶牖之外臣誠知阿諛有福深言近禍豈敢隱心以避誅責乎臣生長邊遠希涉紫庭怖慴失守言不盡心梁冀忿其刺己以規爲下第拜郎中託疾免歸州郡承冀旨幾陷死者再三遂以詩易教授門徒三百餘人積十四年後梁冀被誅旬月之閒禮命五至皆不就時太山賊叔孫無忌侵亂郡縣中郎將宗資討之未服公車特徵規拜太山太守規到官廣設方略寇賊悉平延熹四年秋叛羌零吾等與先零別種寇鈔關中護羌校尉段熲坐徵（熲擊羌坐爲涼州刺史郭閎要兵不進下獄）後先零諸種陸梁覆沒營塢（說文曰塢小障也一曰庳城也音烏古反）規素悉羌事志自奮効乃上疏曰自

臣受任志竭愚鈍實賴兗州刺史牽顥之清猛中郎將宗資之信義得承節度幸無咎譽今猾賊就滅太山略平復聞羣羌並皆反逆臣生長邠岐年五十有九昔爲郡吏再更叛羌預籌其事有誤中之言臣素有固疾恐犬馬齒窮不報大恩願乞宂官備單車一介之使勞來三輔宣國威澤以所習地形兵埶佐助諸軍臣窮居孤危之中坐觀郡將已數十年矣自鳥鼠至于東岱其病一也（郡將郡守也鳥鼠山名在今渭州西郎先零羌寇鈔處也東岱謂泰山叔孫無忌反處也皆由郡守不加綏撫致使反叛其疾同也）力求猛敵不如清平勤明吳孫未若奉法（吳起魏將也孫武吳將也言若求猛將不如撫以清平之政明習兵書不如郡守奉法使之無反也）前變未遠臣誠戚之（戚憂也前變謂羌反）是以越職盡其區區至冬羌遂大合朝廷爲憂三公舉規爲中郎將持節監關西兵討零吾等破之斬首八百級先零諸種羌慕規威信相勸降者十餘萬明年規因發其騎共討隴右而道路隔絕軍中大疫死者十三四規親入庵廬巡視將士三

軍慼悅東羌遂遣使乞降涼州復通先是安定太守孫儁受取狼籍屬國都尉李翕督軍御史張禀多殺降羌涼州刺史郭閎漢陽太守趙熹並老弱不堪任職而皆倚恃權貴不遵法度規到州界悉條奏其罪或免或誅羌人聞之翕然反善沈氏大豪滇昌飢恬等十餘萬口復詣規降規出身數年持節爲將擁衆立功還督鄉里既無它私惠而多所舉奏又惡絕宦官不與交通於是中外並怨遂共誣規貨賂羣羌令其文降（以文簿虛降非眞心也）天子璽書誚讓相屬規懼不免上疏自訟曰四年之秋戎醜蠢戾（蠢動也戾乖也）爰自西州侵及涇陽（縣名屬安定郡其故城在今原州平源縣南也）舊都懼駭朝廷西顧明詔不以臣愚駑急使軍就道（就猶上也）幸蒙威靈遂振國命羌戎諸種大小稽首輒移書營郡以訪誅納（訪問也規言羌種既服臣即移書軍營及郡勘問誅殺并納受多少之數目也）所省之費一億以上以爲忠臣之義不敢告勞（詩小雅曰密勿從事不敢告勞無罪無辜讒口嗸嗸）故恥以片言自及微効然比方

先事庶免罪悔先事謂前輩敗將也前踐州界先奏郡守孫儁次及屬國都尉李翕督軍御史張稟旋師南征又上涼州刺史郭閎漢陽太守趙熹陳其過惡執據大辟凡此五臣支黨半國其餘墨綬下至小吏所連及者復有百餘吏託報將之怨子思復父之恥載贄馳車懷糧步走交搆豪門競流謗讟云臣私報諸羌謝其錢貨謝猶讐也若臣以私財則家無擔石如物出於官則文簿易考就臣愚惑信如言者前世尚遺匈奴以宮姬先帝賜呼韓邪單于待詔掖庭王嬙爲閼氏也鎮烏孫以公主武帝以江都王建女細君妻烏孫王昆莫爲夫人也今臣但費千萬以懷叛羌則良臣之才略兵家之所貴將有何罪負義違理乎自永初以來將出不少覆軍有五動資巨億有旋車完封寫之權門言覆軍之將旋師之日多載珍寶封印完全便入權門而名成功立厚加爵封今臣還督本土糾舉諸郡絶交離親戮辱舊故衆謗陰害固其宜也臣雖汙穢廉絜無聞今見覆沒恥痛實深傳稱鹿死不擇音謹

冒昧略上左傳曰鹿死不擇音挺而走險急何能擇也其年冬徵還拜議郎論功當封而中常侍徐璜左悺欲從求貨數遣賓客就問功狀規終不荅璜等忿怒陷㠯前事下之於吏官屬欲賦斂請謝規誓而不聽遂㠯餘寇不絕坐繫廷尉論輸左校漢官儀曰左校署屬將作大匠也諸公及太學生張鳳等三百餘人詣闕訟之會赦歸家徵拜度遼將軍至營數月上書薦中郎將張奐㠯自代曰臣聞人無常俗而政有治亂兵無強弱而將有能否伏見中郎將張奐才略兼優宜正元帥㠯從眾望若猶謂愚臣宜充軍事者願乞冗官㠯爲奐副朝廷從之㠯奐代爲度遼將軍規爲使匈奴中郎將及奐遷大司農規復代爲度遼將軍規爲人多意筭自㠯連在大位欲退身避第數上病不見聽會友人上郡太守王旻喪還規縞素越界到下亭迎之因令客密告并州刺史胡芳言規擅遠軍營公違禁憲當急舉奏芳曰威明欲避第仕

塗故激發我耳（言欲歸第避仕宦之塗也）吾當爲朝廷愛才何能申此子計邪遂無所問及黨事大起天下名賢多見染逮規雖爲名將素譽不高自㠯西州豪傑恥不得豫乃先自上言臣前薦故大司農張奐是附黨也又臣昔論輸左校時太學生張鳳等上書訟臣是爲黨人所附也臣宜坐之朝廷知而不問時人㠯規爲賢在事數歲北邊威服永康元年徵爲尚書其夏日食詔公卿舉賢良方正下問得失規對曰天之於王者如君之於臣父之於子也誡㠯災妖使從福祥陛下八年之中三斷大獄（謂誅梁冀誅鄧萬鄧會誅李膺等黨事也）一除內嬖（無德而寵曰嬖謂廢鄧皇后）再誅外臣（殺桂陽太守任肯殺南陽太守成瑨太原太守劉質等也）而災異猶見人情未安者殆賢愚進退威刑所加有非其理也前太尉陳蕃劉矩（漢官儀曰矩字叔方）忠謀高世廢在里巷劉祐馮緄（古本反）趙典尹勳正直多怨流放家門李膺王暢孔翊絜身守禮終無宰相之階至於鉤黨之釁事起無端（鉤引也謂李膺等事也）虐賢

後漢六十五　二九

傷善哀及無辜今興改善政易於覆手而羣臣杜口鑒畏前害互相瞻顧莫肯正言伏願陛下暫留聖明容受謇直則前責可弭後福必降對奏不省遷規弘農太守封壽成亭侯邑二百戶讓封不受再轉爲護羌校尉熹平三年以疾召還未至卒于穀城年七十一所著賦銘碑讚禱文弔章表教令書檄牋記凡二十七篇

論曰孔子稱其言之不怍則其爲之也難（怍慙也）察皇甫規之言其心不怍哉夫其審己則干祿見賢則委位故干祿不爲貪而委位不求讓稱己不疑伐而讓人無懼情故能功成於戎狄身全於邦家也

張奐字然明敦煌酒泉人也（酒泉縣名地多泉水故城在今瓜州晉昌縣東北也）父惇爲漢陽太守奐少遊三輔師事太尉朱寵學歐陽尚書初牟氏章句浮辭繁多（時牟卿受書於張堪爲博士故有牟氏章句）有四十五萬餘言奐減爲九萬言後辟大將軍梁

冀府乃上書桓帝奏其章句詔下東觀目疾去官復舉賢良對策第一擢拜議郎永壽元年遷安定屬國都尉初到職而南匈奴左薁鞬臺耆且渠伯德等七千餘人寇美稷東羌復舉種應之而奐壁唯有二百許人聞即勒兵而出軍吏目爲力不敵叩頭爭止之奐不聽遂進屯長城收集兵士遣將王衞招誘東羌因據龜茲龜茲音丘慈縣名屬上郡前書音義曰龜茲國人來降之因以名縣也使南匈奴不得交通東羌諸豪遂相率與奐和親共擊薁鞬等連戰破之伯德惶恐將其衆降郡界目寧羌豪帥感奐恩德上馬二十匹先零酋長又遣金鐻八枚奐並受之郭璞注山海經云鐻音渠金食器名未詳形制也而召主簿於諸羌前目酒酹地曰以酒沃地謂之酹音力外反使馬如羊不目入廄使金如粟不目入懷悉目金馬還之如羊如粟喻多也羌性貪而貴吏清前有八都尉率好財貨爲所患苦及奐正身絜己威化大行遷使匈奴中郎將時休屠各屠音直於反及朔方烏桓並同反

叛燒度遼將軍門時度遼將軍屯五原引屯赤阬煙火相望兵衆大恐各欲亡去奐安坐帷中與弟子講誦自若軍士稍安乃潛誘烏桓陰與和通遂使斬屠各渠帥襲破其衆諸胡悉降延熹元年鮮卑寇邊奐率南單于襲之斬首數百級明年梁冀被誅奐㠯故吏免官禁錮奐與皇甫規友善奐既被錮凡諸交舊莫敢爲言唯規薦舉前後七上在家四歲復拜武威太守平均徭賦率厲散敗常爲諸郡最河西由是而全其俗多妖忌凡二月五月產子及與父母同月生者悉殺之奐示㠯義方嚴加賞罰風俗遂改百姓生爲立祠舉尤異遷度遼將軍數載間幽并淸靜九年春徵拜大司農鮮卑聞奐去其夏遂招結南匈奴烏桓數道入塞或五六千騎或三四千騎寇掠緣邊九郡殺略百姓秋鮮卑復率八九千騎入塞誘引東羌與共盟詛於是上郡沈氏安定先零諸種共寇武威張掖緣邊大

被其毒朝廷以為憂復拜奐為護匈奴中郎將以九卿秩督幽并涼三州及度遼烏桓二營（明帝永平八年初置度遼將軍屯五原郡曼柏縣漢官儀曰烏桓校尉屯上谷郡甯縣故曰二營）兼察刺史二千石能否賞賜甚厚匈奴烏桓聞奐至因相率還降凡二十萬口奐但誅其首惡餘皆慰納之唯鮮卑出塞去永康元年春東羌先零五六千騎寇關中圍祋祤掠雲陽夏復攻沒兩營殺千餘人冬羌岸尾摩蟞等（蟞音必薛反）脅同種復鈔三輔奐遣司馬尹端董卓並擊大破之斬其酋豪首虜萬餘人三州清定論功當封奐不事宦官故賞遂不行唯賜錢二十萬除家一人為郎並辭不受而願從屬弘農華陰舊制邊人不得內移唯奐因功特聽故始為弘農人焉建寧元年振旅而還時竇太后臨朝大將軍竇武與太傅陳蕃謀誅宦官事泄中常侍曹節等於中作亂以奐新徵不知本謀矯制使奐與少府周靖率五營士圍武武自殺蕃因見害奐遷

少府又拜大司農以功封侯奐深病爲節所賣上書固讓封還印綬卒不肯當明年夏青蛇見於御坐軒前軒殿檻闌板也又大風雨雹霹靂拔樹詔使百僚各言災應奐上疏曰臣聞風爲號令動物通氣翼氏風角曰凡風者天之號令所以譴告人君者也木生於火相須乃明蛇能屈申配龍騰蟄易曰龍蛇之蟄以存身也愼子曰騰蛇游霧飛龍乘雲雲罷霧散與蚯蚓同也順至爲休徵逆來爲殃咎陰氣專用則凝精爲雹故大將軍竇武太傅陳蕃或志寧社稷或方直不回前以讒勝並伏誅戮海內默默人懷震憤昔周公葬不如禮天乃動威尚書大傳周公薨成王欲葬之於成周天乃雷電以風禾盡偃大木斯拔國人大恐王葬周公於畢示不敢臣也今武蕃忠貞未被明宥妖眚之來皆爲此也宜急爲改葬徙還家屬其從坐禁錮一切蠲除又皇太后雖居南宮而恩禮不接朝臣莫言遠近失望宜思大義顧復之報顧旋視也復反覆也小雅曰父兮生我母兮鞠我顧我復我出入腹我天子深納奐言以問諸黃門常侍左右皆惡之帝不得自從轉奐太常與尚書劉猛刁韙衞良同薦王

暢李膺可參三公之選而曹節等彌疾其言遂下詔切責之奐等皆自囚廷尉數日乃得出並以三月俸贖罪司隸校尉王寓出於宦官欲借寵公卿以求薦舉百僚畏憚莫不許諾唯奐獨拒之寓怒因此遂陷以黨罪禁錮歸田里奐前爲度遼將軍與段熲爭擊羌不相平及熲爲司隸校尉欲逐奐歸敦煌將害之奐憂懼奏記謝熲曰小人不明得過州將千里委命以情相歸漢官儀曰司隸州部河南雒陽管三輔三河弘農七郡所以奐屈於熲稱曰州將焉足下仁篤照其辛苦使人未反復獲郵書恩詔分明前以寫白而州期切促郡縣惶懼屏營延企側待歸命父母朽骨孤魂相託若蒙矜憐壹惠咳唾則澤流黃泉施及冥寞非奐生死所能報塞夫無毛髮之勞而欲求人丘山之用此淳于髡所以拍髀仰天而笑者也拍音片百反髀音步第反史記楚發兵伐齊齊威王使淳于髡齎百金車馬十駟之趙請救髡仰天大笑冠纓索絕王曰先生少之乎髡曰今者臣從東方來見道傍有禳田者操一豚蹄酒一盂而祝曰甌窶滿篝汙邪滿車五穀蕃熟穰穰滿家臣見其所持者狹所求者奢故笑於是王乃益黃金千鎰白璧十雙車馬百駟也誠

知言必見譏然猶未能無望何者朽骨無益於人而文王葬之（新序曰文王作靈臺掘得死人骨吏以聞文王曰葬之吏曰此無主矣文王曰有天下者天下之主也有一國者一國之主也寡人固其主焉令吏以棺葬之天下聞之曰文王賢矣澤及朽骨又況人也）死馬無所復用而燕昭寶之（新序曰燕昭王即位卑身求賢謂郭隗曰齊因孤國之亂而襲燕然得賢士與共國以雪先王之醜孤之願也先生視可者得身事之隗曰臣聞古之人君有以千金求千里馬者三年不得涓人言於君請求之君遣焉三月得千里馬馬已死乃以五百金買其首以報君大怒曰所求者生馬安市死馬而捐五百金乎對曰死馬且市之況生馬乎天下必以王爲能市馬馬今至矣不出朞年千里馬至者二今王誠欲必致士從隗始隗且見事況賢於隗者乎於是王爲隗築宮而師之樂毅自魏往鄒衍自齊往劇辛自趙往士爭歸燕焉）黨同文昭之德豈不大哉（黨音徒朗反）凡人之情冤則呼天窮則叩心今呼天不聞叩心無益誠自傷痛俱生聖世獨爲匪人（詩小雅曰哀我征夫獨爲匪人也）孤微之人無所告訴如不哀憐便爲魚肉（言將爲人所吞噬也）企心東望無所復言頌雖剛猛省書哀之卒不忍也時禁錮者多不能守靜或死或徙奐閉門不出養徒千人著尚書記難三十餘萬言奐少立志節嘗與士友言曰大丈夫處世當爲國家立功邊境及爲將帥果有勳名董卓慕之使其兄遺縑百匹奐惡卓爲人絕而

不受光和四年卒年七十八遺命曰吾前後仕進十要銀艾銀印綠綬也以艾草染之故曰艾也不能和光同塵爲讒邪所忌老子曰和其光同其塵也通塞命也始終常也但地底冥冥長無曉期而復纏以纊緜牢以釘密爲不喜耳幸有前窀朝隕夕下措屍靈牀幅巾而已奢非晉文陸翽鄴中記曰永嘉末發齊桓公墓得水銀池金蠶數十箔珠襦玉匣繒綵不可勝數左傳曰晉文公朝王請隧王不許曰王章也未有代德而有二王亦叔父之所惡也晉文既臣請用王禮是其奢也儉非王孫時楊王孫死誡其子爲布囊盛屍入地七尺脫去其囊以身親土推情從意庶無咎吝諸子從之武威多爲立祠世世不絕所著銘頌書教誡述志對策章表二十四篇長子芝字伯英最知名王愔文志曰芝少持高操以名臣子勤學文爲儒宗武爲將表太尉辟公車有道徵皆不至號張有道尤好草書學崔杜之法家之衣帛必書而後練臨池學書水爲之黑下筆則爲楷則號怱怱不下草書爲世所寶寸紙不遺韋仲將謂之草聖也芝及弟昶字文舒並善草書至今稱傳之初奐爲武威太守其妻懷孕夢帶奐印綬登樓而歌訊之占者曰必將生男復臨茲邦命終此樓既而生子猛以建安中爲武威太守殺刺史邯鄲商州兵圍之急猛恥見擒乃登樓自燒

而死卒如占云

論曰：自鄛鄉之封，中官世盛，宦者鄭衆封鄛鄉侯也暴恣數十年間，四海之內莫不切齒憤盈，願投兵於其族。陳蕃、竇武奮義草謀，徵會天下名士，有識所共聞也，而張奐見欺豎子，揚戈以斷忠烈，奐被曹節等矯制使率五營士圍殺陳蕃竇武等雖恨毒在心，辭爵謝咎，詩云：「啜其泣矣，何嗟及矣。」詩國風也啜泣貌也音知劣反

段熲字紀明，武威姑臧人也。其先出鄭，其叔段西域都護會宗之從曾孫也。宗字子松天水上邽人元帝時爲西域都護死城郭諸國爲發喪立祠熲少便習弓馬，尚遊俠，輕財賄，長乃折節好古學。初舉孝廉，爲憲陵園丞、陽陵令，憲陵順帝陵陽陵景帝陵漢官儀曰丞秩三百石令秩六百石也所在能政。遷遼東屬國都尉。時鮮卑犯塞，熲即率所領馳赴之。既而恐賊驚去，乃使驛騎詐齎璽書詔熲，熲於道僞退，潛於還路設伏。虜以爲信然，乃入追熲。熲因大縱兵，悉斬獲之。坐詐璽書伏重刑，以有功論司寇。刑竟，徵拜議郎。時太山、琅邪賊東郭竇

公孫舉等聚衆三萬人破壞郡縣遣兵討之連年不克永壽二年
桓帝詔公卿選將有文武者司徒尹訟薦熲漢官儀曰訟字公孫鞏人也乃拜爲中
郎將擊賨舉等大破斬之獲首萬餘級餘黨降散封熲爲列侯賜
錢五十萬除一子爲郎中延熹二年遷護羌校尉會燒當燒何當
煎勒姐等八種羌姐音紫且反寇隴西金城塞熲將兵及湟中義從羌萬
二千騎出湟谷擊破之追討南度河使軍吏田晏夏育募先登懸
索相引復戰於羅亭大破之斬其酋豪已下二千級獲生口萬餘
人虜皆降走明年春餘羌復與燒何大豪寇張掖攻沒鉅鹿塢殺
屬國吏民又招同種千餘落并兵晨奔熲軍熲下馬大戰至日中
刀折矢盡虜亦引退熲追之且鬬且行晝夜相攻割肉食雪四十
餘日遂至河首積石山出塞二千餘里斬燒何大帥首虜五千餘
人又分兵擊石城羌斬首溺死者千六百人燒當種九十餘口詣

熲降又雜種羌屯聚白石（白石山在今蘭州狄道縣東）熲復進擊首虜三千餘人冬勒姐零吾種圍允街（允音鉛街音階）殺略吏民熲排營救之斬獲數百人四年冬上郡沈氏隴西牢姐烏吾諸種羌共寇并涼二州熲將湟中義從討之涼州刺史郭閎貪共其功稽固熲軍使不得進（稽固猶停留也）義從役久戀鄉舊皆悉反叛郭閎歸罪於熲熲坐徵下獄輸作左校羌遂陸梁覆沒營塢轉相招結唐突諸郡於是吏人守闕訟熲以千數朝廷知熲爲郭閎所誣詔問其狀熲但謝罪不敢言枉京師稱爲長者起於徒中復拜議郎遷并州刺史時滇那等諸種羌五六千人寇武威張掖酒泉燒人廬舍六年寇埶轉盛涼州幾亡冬復以熲爲護羌校尉乘驛之職明年春羌封僇良多滇那等（僇音良逐反又力救反）酋豪三百五十五人率三千落詣熲降當煎勒姐種猶自屯結冬熲將萬餘人擊破之斬其酋豪首虜四千餘人八年春熲復擊

勒姐種斬首四百餘級降者二千餘人夏進軍擊當煎種於湟中熲兵敗被圍三日用隱士樊志張策潛師夜出鳴鼓還戰大破之首虜數千人熲遂窮追展轉山谷閒自春及秋無日不戰虜遂飢困敗散北略武威閒熲凡破西羌斬首二萬三千級獲生口數萬人馬牛羊八百萬頭降者萬餘落封熲都鄉侯邑五百戶永康元年當煎諸種復反合四千餘人欲攻武威熲復追擊於鸞鳥大破之（鳥音爵縣名屬武威郡故城在今涼州昌松縣北也）殺其渠帥斬首三千餘級西羌於此弭定而東羌先零等自覆沒征西將軍馬賢後朝廷不能討遂數寇擾三輔其後度遼將軍皇甫規中郎將張奐招之連年既降又叛桓帝詔問熲曰先零東羌造惡反逆而皇甫規張奐各擁彊眾不時輯定欲熲移兵東討未識其宜可參思術略熲因上言曰臣伏見先零東羌雖數叛逆而降於皇甫規者已二萬許落善惡既分餘寇

無幾今張奐躊躇久不進者當慮外離內合兵往必驚且自冬踐春屯結不散人畜疲羸自亡之埶徒更招降坐制強敵耳臣㠯爲狼子野心難㠯恩納左傳晉叔向母曰狼子野心也勢窮雖服兵去復動唯當長矛挾脅白刃加頸耳計東種所餘三萬餘落居近塞內路無險折非有燕齊秦趙從横之勢而久亂并涼累侵三輔西河上郡已各內徙安定北地復至單危自雲中五原西至漢陽二千餘里匈奴種羌並擅其地是爲癰疽伏疾留滯脅下如不加誅轉就滋大今若㠯騎五千步萬人車三千兩三冬二夏足㠯破定無慮用費爲錢五十四億無慮都凡也如此則可令羣羌破盡匈奴長服內徙郡縣得反本土伏計永初中諸羌反叛十有四年用二百四十億永和之末復經七年用八十餘億費耗若此猶不誅盡餘孽復起于茲作害今不暫疲人則永寍無期臣庶竭駑劣伏待節度帝許之悉聽如所

上建寧元年春熲將兵萬餘人齎十五日糧從彭陽直指高平彭陽高平並縣名屬安定郡彭陽縣即今原州彭原縣也高平縣今原州也與先零諸種戰于逢義山虜兵盛熲衆恐熲乃令軍中張鏃利刃長矛三重挾以強弩列輕騎爲左右翼激怒兵將曰今去家數千里進則事成走必盡死努力共功名因大呼衆皆應聲騰赴熲馳騎於傍突而擊之虜衆大潰斬首八千餘級獲牛馬羊二十八萬頭時竇太后臨朝下詔曰先零東羌歷載爲患熲前陳狀欲必埽滅涉履霜雪兼行晨夜身當矢石感厲吏士曾未浹日凶醜奔破浹匝也浹音子牒反謂匝十二辰也連尸積俘掠獲無算洗雪百年之逋負以慰忠將之亡魂東觀記曰太后詔云此以慰种光馬賢等亡魂也功用顯著朕甚嘉之須東羌盡定當并錄功勤今且賜熲錢二十萬以家一人爲郎中勑中藏府調金錢綵物增助軍費拜熲破羌將軍夏熲復追羌出橋門至走馬水上東觀記段熲傳曰出橋門谷也尋聞虜在奢延澤即上郡奢延縣界也乃將

輕兵兼行一日一夜二百餘里晨及賊擊破之餘虜走向落川復相屯結熲乃分遣騎司馬田晏將五千人出其東假司馬夏育將二千人繞其西羌分六七千人攻圍晏等晏等與戰羌潰走熲急進與晏等共追之於令鮮水上令鮮水名在今甘州張掖縣界一名合黎水一名羌谷水也熲士卒飢渴乃勒眾推方奪其水推方謂方頭競進也虜復散走熲遂與相連綴且鬬且引及於靈武谷靈武縣名有谷在今靈州懷遠縣西北熲乃被甲先登士卒無敢後者羌遂大敗棄兵而走追之三日三夜士皆重繭繭足下傷起形如繭也淮南子曰申包胥曾繭重胝也既到涇陽縣名屬安定郡餘寇四千落悉散入漢陽山谷間時張奐上言東羌雖破餘種難盡熲性輕果慮負敗難常宜且以恩降可無後悔詔書下熲熲復上言臣本知東羌雖眾而輭弱易制所以比陳愚慮思為永寧之算而中郎將張奐說虜彊難破宜用招降聖朝明監信納瞽言故臣謀得行奐計不用事埶相反遂懷猜恨信叛羌之訴

飾潤辭意云臣兵累見折衄傷敗曰衄音女六反又言羌一氣所生不可誅盡言羌亦稟天之一氣所生誅之不可盡也山谷廣大不可空靜血流汙野傷和致災臣伏念周秦之際戎狄為害中興以來羌寇最盛誅之不盡雖降復叛今先零雜種累以反覆攻沒縣邑剽略人物發冢露尸禍及生死上天震怒假手行誅假借也尚書曰皇天降災假手于我有命也昔邢為無道衞國伐之師興而雨左傳曰衞大旱卜有事於山川不吉甯莊子曰昔周飢克殷而年豐今邢方無道天欲衞伐邢乎從之師興而雨也臣動兵涉夏連獲甘澍歲時豐稔人無疵疫上占天心不為災傷占候也下察人事眾和師克克勝也左傳曰師克在和不在眾也自橋門以西落川以東故宮縣邑更相通屬非為深險絕域之地車騎安行無應折衄案奐為漢吏身當武職駐軍二年不能平寇虛欲修文戢戈招降獷敵獷惡貌也音谷猛反誕辭空說僭而無徵何以言之昔先零作寇趙充國徙令居內宣帝時充國擊西羌徙之於金城郡也煎當亂邊馬援遷之三輔遷置天水隴西扶風見西羌傳也始服終叛至今為鯁鯁與梗同梗病也大雅云至今為梗故遠

識之士以爲深憂今傍郡戶口單少數爲羌所創毒而欲令降徒與之雜居是猶種枳棘於良田養虺蛇於室內也故臣奉大漢之威建長久之策欲絶其本根不使能殖殖生也左傳曰爲國家者見惡如農夫之務去草焉絶其本根勿使能殖本規三歲之費用五十四億今適朞年所耗未半而餘寇殘燼將向殄滅杜預注左傳曰燼火餘木也臣每奉詔書軍不內御御制御也淮南子曰國不可從外理軍不可從中御也願卒斯言一以任臣臨時量宜不失權便二年詔遣謁者馮禪說降漢陽散羌頻以春農百姓布野羌雖暫降而縣官無廩必當復爲盜賊不如乘虛放兵埶必殄滅夏頻自進營去羌所屯凡亭山四五十里遣田晏夏育將五千人據其山上羌悉衆攻之厲聲問曰田晏夏育在此不湟中義從羌悉在何面今日欲決死生軍中恐晏等勸激兵士殊死大戰遂破之羌衆潰東奔復聚射虎谷分兵守諸谷上下門頻規一舉滅之不欲復令散走乃遣千人於西縣結木

爲柵廣二十步長四十里遮之西縣屬天水郡故城在今秦州上邽縣西南也分遣晏育等將七千人銜枚夜上西山結營穿塹去虜一里許又遣司馬張愷等將三千人上東山虜乃覺之遂攻晏等分遮汲水道熲自率步騎進擊水上羌却走因與愷等挾東西山縱兵擊破之羌復敗散熲追至谷上下門窮山深谷之中處處破之斬其渠帥已下萬九千級獲牛馬驢騾氈裘廬帳什物不可勝數馮禪等所招降四千人分置安定漢陽隴西三郡於是東羌悉平凡百八十戰斬三萬八千六百餘級獲牛馬羊騾驢駱駝四十二萬七千五百餘頭費用四十四億軍士死者四百餘人更封新豐縣侯邑萬戶熲行軍仁愛士卒疾病者親自瞻省手爲裹創在邊十餘年未嘗一日蓐寢郭璞曰蓐席也言身不自安與將士同苦故皆樂爲死戰三年春徵還京師將秦胡步騎五萬餘人及汗血千里馬生口萬餘人詔遣大鴻臚持節慰勞

於鎬鎬水名在今長安縣西也軍至拜侍中轉執金吾河南尹有盜發馮貴人冢坐左轉諫議大夫再遷司隸校尉熲曲意宦官故得保其富貴遂黨中常侍王甫枉誅中常侍鄭颯董騰等增封四千戶并前萬四千戶明年代李咸爲太尉其冬病罷復爲司隸校尉數歲轉潁川太守徵拜太中大夫光和二年復代橋玄爲太尉在位月餘會日食自劾有司舉奏詔收印綬詣廷尉時司隸校尉陽球奏誅王甫并及熲就獄中詰責之遂飲鴆死家屬徙邊後中常侍呂強上疏追訟熲功靈帝詔熲妻子還本郡初熲與皇甫威明張然明並知名顯達京師稱爲涼州三明云

贊曰山西多猛三明儷蹤儷偶也前書班固曰秦漢以來山東出相山西出將若白起王翦李廣辛慶忌之流皆山西人也戎驂糾結塵斥河潼潼谷名谷有水曰潼水卽潼關規奐審策亟遏鬋凶文會志比更相爲容段追兩狄束馬縣鋒紛紜騰突谷靜山空

皇甫張段列傳第五十五

金陵書局仿汲古閣本刊

後漢書六十五

傳古樓景印